Todo sobre la Seguridad Social

Eva Marchal Bermúdez

TODO SOBRE LA SEGURIDAD SOCIAL

A pesar de haber puesto el máximo cuidado en la redacción de esta obra, el autor o el editor no pueden en modo alguno responsabilizarse por las informaciones (fórmulas, recetas, técnicas, etc.) vertidas en el texto. Se aconseja, en el caso de problemas específicos —a menudo únicos— de cada lector en particular, que se consulte con una persona cualificada para obtener las informaciones más completas, más exactas y lo más actualizadas posible. EDITORIAL DE VECCHI, S. A. U.

Colección dirigida por David Siuraneta Pérez, abogado colegiado.

© Editorial De Vecchi, S. A. 2018
© [2018] Confidential Concepts International Ltd., Ireland
Subsidiary company of Confidential Concepts Inc, USA
ISBN: 978-1-64461-150-0

El Código Penal vigente dispone: «Será castigado con la pena de prisión de seis meses a dos años o de multa de seis a veinticuatro meses quien, con ánimo de lucro y en perjuicio de tercero, reproduzca, plagie, distribuya o comunique públicamente, en todo o en parte, una obra literaria, artística o científica, o su transformación, interpretación o ejecución artística fijada en cualquier tipo de soporte o comunicada a través de cualquier medio, sin la autorización de los titulares de los correspondientes derechos de propiedad intelectual o de sus cesionarios. La misma pena se impondrá a quien intencionadamente importe, exporte o almacene ejemplares de dichas obras o producciones o ejecuciones sin la referida autorización». (Artículo 270)

Índice

Introducción 9

Derecho de los españoles a la seguridad social 11
La Seguridad Social en la Constitución española de 1978....... 12
La Ley General de la Seguridad Social de 1994 13
Reparto de competencias entre el Estado
   y las comunidades autónomas 15
Organismos gestores de la Seguridad Social 16

Campo de aplicación y estructura del Sistema
   de Seguridad Social................................. 19
Modalidad contributiva................................. 20
Modalidad no contributiva 21
Campo de aplicación de la Seguridad Social 23

Composición del Sistema de Seguridad Social............ 25
Régimen General...................................... 26
Regímenes Especiales 27

Afiliación al sistema. Altas y bajas en los regímenes

QUE LO INTEGRAN	31
La inscripción de las empresas en el sistema	31
La afiliación de los trabajadores. Altas y bajas	35
COTIZACIÓN AL SISTEMA	43
La obligación de cotizar	44
Elementos de la cotización	45
Calculo de las bases de cotización	47
Tipos de cotización	51
ACCIDENTE DE TRABAJO Y ENFERMEDAD PROFESIONAL	53
Lesión corporal	53
Accidente in itínere («en el camino»)	56
Enfermedad profesional	56
Notificación del accidente de trabajo y de la enfermedad profesional	57
Particularidades en materia de prestaciones en el accidente de trabajo	58
ACCIÓN PROTECTORA DE LA SEGURIDAD SOCIAL	63
Contingencias cubiertas	63
Concepto y clases de prestaciones	64
Incompatibilidad de las pensiones entre sí	65
Limitación de la cuantía inicial de las pensiones contributivas	68
Revalorización y actualización de las pensiones	68
Caducidad y prescripción	69
INCAPACIDAD TEMPORAL	71
Beneficiarios	72
Prestación económica	74
Nacimiento y duración del derecho al subsidio	75
LA MATERNIDAD	79
Situaciones protegidas	79
Beneficiarios	83

Prestación económica 84
Nacimiento del derecho 85
Pérdida o suspensión del derecho al subsidio por maternidad.... 85
ASISTENCIA SANITARIA DE LA SEGURIDAD SOCIAL 87
Beneficiarios 87
Nacimiento del derecho a la prestación.................. 89
Contenido de la asistencia sanitaria..................... 90

INCAPACIDAD PERMANENTE. MODALIDAD CONTRIBUTIVA......... 95
Grados de incapacidad 96

INCAPACIDAD PERMANENTE. MODALIDAD NO CONTRIBUTIVA...... 111
Beneficiarios 111
Cuantía de la pensión 113
Reconocimiento y efectos 114
Obligaciones de los beneficiarios....................... 114
Compatibilidad de las pensiones....................... 115

JUBILACIÓN. MODALIDAD CONTRIBUTIVA 117
Beneficiarios 117
Cuantía de la pensión 118
Casos especiales 123
Solicitud y devengo 127
Imprescriptibilidad 131

JUBILACIÓN. MODALIDAD NO CONTRIBUTIVA................. 133
Beneficiarios 133
Cuantía de la prestación 135
Causas de extinción.................................. 139

MUERTE Y SUPERVIVENCIA 141
Hecho causante...................................... 142
Auxilio por defunción 144
Pensión de viudedad 144

Pensión de orfandad 152
Prestaciones a favor de familiares 157
Subsidio temporal a favor de hijos y hermanos 160
PRESTACIONES FAMILIARES POR HIJO O MENOR ACOGIDO A CARGO .. 163
Prestaciones económicas por hijo o menor acogido a cargo...... 164
Prestaciones no económicas por hijo a cargo................ 168

PRESTACIÓN POR DESEMPLEO. NIVEL CONTRIBUTIVO 169
Situaciones protegidas................................. 170
Beneficiarios 170
Contenido de la prestación por desempleo 171

PRESTACIÓN POR DESEMPLEO. NIVEL ASISTENCIAL 183
Rentas brutas o netas.................................. 185
Responsabilidades familiares............................ 185
Diversos supuestos de subsidio 186

REGÍMENES ESPECIALES DE LA SEGURIDAD SOCIAL 193
Prestaciones de la Seguridad Social
   y de los Regímenes Especiales....................... 194

REFORMAS LEGALES POSTERIORES A LA PUBLICACIÓN
   DE LA LEY GENERAL DE LA SEGURIDAD SOCIAL DE 1994 203

GLOSARIO 211

ÍNDICE ANALÍTICO 217

Introducción

> El Sistema de Seguridad Social constituye un elemento imprescindible y un objetivo esencial de la sociedad moderna como sistema de protección pública de cualquier situación de necesidad y para todos los ciudadanos, tal y como se consagra en el artículo 41 de la Constitución española.

Los ciudadanos de nuestro país cada vez tienen una relación más frecuente con la Seguridad Social, ya sea por el hecho de recibir asistencia sanitaria, ya sea por la percepción de cualquier tipo de prestación.

Sin embargo, muy pocos saben cómo funciona esta institución y, lo que es peor, desconocen buena parte de las ayudas y prestaciones a las que pueden aspirar.

El propósito de este manual es mostrar a los lectores la normativa y los procedimientos legales que les permitirán resolver todas las gestiones que realicen a través de este organismo.

Los primeros capítulos dan una visión general del Sistema de Seguridad Social. Los siguientes se refieren a las diversas prestaciones del sistema y el último expone las particularidades de los Regímenes Especiales en cuanto a las prestaciones se refiere.

Esperamos haber conseguido nuestro propósito de proporcionar un conocimiento fácil y práctico de las cuestiones expuestas.

Derecho de los españoles a la Seguridad Social

> El Sistema de Seguridad Social es un conjunto de regímenes a través de los cuales el Estado garantiza, a las personas comprendidas en su campo de aplicación, por realizar una actividad profesional o por cumplir los requisitos exigidos en la modalidad no contributiva, así como a los familiares o asimilados que tuvieran a su cargo, la protección adecuada en las contingencias y situaciones que la ley define.

En las sociedades modernas el sector público ha asumido una amplia gama de funciones económicas. Los objetivos de la actuación pública del Estado, de los organismos públicos, de las corporaciones locales, etc., han variado a lo largo del tiempo. Algunos, como la defensa nacional y la administración de justicia, se han considerado tradicionalmente como propios del sector público. Otros, como la Seguridad Social o la política de empleo, sólo han sido asumidos por el Estado en épocas recientes y como respuesta a las tensiones económico-sociales que han ido surgiendo en el seno de los países adscritos a la economía de mercado y que han derivado en las llamadas sociedades del bienestar, hoy en crisis a causa de la implantación de los modelos de gestión neoliberales.

La intensificación de los problemas laborales producida a partir de la revolución industrial, junto con las reivindicaciones sindicales, condujo a la adopción de sistemas de seguridad social y de leyes que regulasen la jornada laboral, el trabajo de los menores, etc. Asimismo, las crisis económicas, en especial la de los años treinta del siglo XX, pusieron de manifiesto la necesidad de afrontar desde el sector público las consecuencias del paro laboral con la implantación del seguro de desempleo y la adopción de políticas de creación de empleo.

Históricamente se ha definido la Seguridad Social como el conjunto de medidas adoptadas por el Estado para proteger a los ciudadanos contra aquellos riesgos que jamás dejarán de presentarse, por muy buena que sea la situación de conjunto de la sociedad en que vivan.

La Seguridad Social en la Constitución española de 1978

Dice el artículo 41 de nuestra Constitución: «Los poderes públicos mantendrán un régimen público de Seguridad Social para todos los ciudadanos que garantice la asistencia y prestaciones sociales suficientes ante situaciones de necesidad, especialmente en caso de desempleo. La asistencia y prestaciones complementarias serán libres».

En nuestro Sistema de Seguridad Social confluyen el factor contributivo y el factor asistencial.

La evolución legal de los preceptos constitucionales configura, en la actualidad, un Sistema de Seguridad Social mixto en el que confluyen el factor contributivo y el factor asistencial, complementándose la gestión pública con la iniciativa privada. Se pueden agrupar los diversos niveles de protección del siguiente modo: asistencial o no contributivo, contributivo y complementario o libre. A continuación, analizaremos cada uno de ellos.

Nivel asistencial o no contributivo

Están comprendidos en este nivel todos los españoles, de cualquier sexo, estado civil y profesión que residan en territorio nacional. Se materializa mediante el otorgamiento de prestaciones uniformes que facilitan rentas de compensación para hacer frente a las necesidades básicas y que se financian a cuenta de los Presupuestos Generales del Estado. Integran esta categoría las prestaciones de naturaleza no contributiva, que, según la Ley General de la Seguridad Social de 1994, son: las pensiones de invalidez y de jubilación en sus modalidades no contributivas, las asignaciones económicas por hijo a cargo, los complementos para garantizar los mínimos de pensiones, los servicios sociales y la asistencia sanitaria no derivados de accidentes de trabajo o enfermedades profesionales.

Nivel contributivo

Se extiende a la población trabajadora (españoles que residan y ejerzan su actividad en territorio nacional). Otorga prestaciones proporcionales a las cotizaciones por salario y asegura rentas en sustitución de las obtenidas en la vida profesional activa. Integran este nivel las prestaciones contributivas: las pensiones de incapacidad permanente y de jubilación en sus modalidades contributivas, las prestaciones por incapacidad temporal, maternidad, recuperación y muerte-supervivencia, así como las prestaciones que se derivan de las contingencias de accidentes de trabajo y enfermedades profesionales. Se financia a través de las cotizaciones sociales de trabajadores y empresas.

En la modalidad contributiva, se otorgan prestaciones proporcionales a las cotizaciones por salario y se aseguran rentas en sustitución de las obtenidas en la vida profesional activa.

Nivel complementario o libre

Está integrado por las mejoras voluntarias de la acción protectora de la Seguridad Social, las mutualidades de previsión social y las prestaciones de los Planes y Fondos de Pensiones.

La Ley General de la Seguridad Social de 1994

La promulgación de la actual Ley General de la Seguridad Social (LGSS) permitió unificar una normativa dispersa y fragmentaria.

Se trata de un texto aprobado por el Real Decreto Legislativo 1/1994 que reforma la anterior LGSS, de 30 de mayo de 1974, la Ley 26/1985, de 31 de julio, de Medidas Urgentes para la Racionalización de la Estructura y de la Acción Protectora de la Seguridad Social, la Ley 26/1990, de 20 de diciembre, por la que se establecen las Prestaciones o contributivas, y la Ley 31/1984, de 2 de agosto, de Protección por Desempleo.

Aun cuando la actual LGSS ha de ser valorada muy positivamente en lo que se refiere al rigor y coherencia de su reglamento, este ha sido modificado en múltiples ocasiones por:

— las Leyes de Medidas Fiscales, Administrativas y de orden Social (también conocidas como Leyes de Acompañamiento de los Presupuestos) de 30 de diciembre de 1994, 1996, 1997, 1998 y 1999, respectivamente;
— la Ley 24/1997, de 15 de julio, de Consolidación y Racionalización del Sistema de Seguridad Social;
— la Ley 42/1997, de 14 de noviembre, ordenadora de la Inspección de Trabajo y Seguridad Social;
— el Real Decreto Ley 15/1998, de 27 de noviembre, de Medidas Urgentes para la mejora del mercado de trabajo en relación con el trabajo a tiempo parcial y el fomento de su estabilidad;
— el Real Decreto 29/2000, de 14 de enero, sobre nuevas formas de gestión del Instituto Nacional de la Salud;
— el Real Decreto 1251/2001, de 16 de noviembre, por el que se regulan las prestaciones económicas del Sistema de Seguridad Social por maternidad y riesgo durante el embarazo;
— la Ley 35/2002, de 12 de julio, de medidas para el establecimiento de un sistema de jubilación gradual y flexible;
— el Real Decreto 1795/2003, de 26 de diciembre, de mejora de las pensiones de viudedad;
— el Real Decreto 180/2004, de 30 de enero, por el que se adoptan medidas para la conciliación de la vida familiar en relación con el disfrute a tiempo parcial de los permisos incluidos en el artículo 30.3 de la Ley 30/1984, de 2 de agosto, de Medidas para la Reforma de la Función Pública;
— la Ley Orgánica 1/2004, de 28 de diciembre, de medidas de protección integral contra la violencia de género;

— la Ley 9/2005, de 6 de junio, para compatibilizar las pensiones del Seguro Obligatorio de Vejez e Invalidez (SOVI) con las pensiones de viudedad del Sistema de Seguridad Social;
— el Real Decreto 1335/2005, de 11 de noviembre, por el que se regulan las prestaciones familiares de la Seguridad Social.

El texto de la LGSS se articula del siguiente modo:

— el Título I establece las bases: regula el campo de aplicación y estructura del sistema; las normas generales de afiliación, cotización y recaudación; las características generales de la acción protectora, de la gestión y del régimen económico de la seguridad;
— el Título II, relativo al Régimen General de la Seguridad Social, determina las contingencias protegibles y el Régimen General de prestaciones, que desglosa del siguiente modo: incapacidad temporal, maternidad, incapacidad permanente en su modalidad contributiva, invalidez en su modalidad no contributiva, recuperación, jubilación, prestaciones por muerte y supervivencia, y, finalmente, prestaciones familiares por hijo a cargo;
— el Título III establece el sistema de protección por desempleo, tanto en su vertiente contributiva como en su vertiente asistencial.

Reparto de competencias entre el Estado y las comunidades autónomas

Las competencias en materia de Seguridad Social están repartidas entre el Estado y las comunidades autónomas de acuerdo con las disposiciones de la Constitución y los correspondientes Estatutos de Autonomía.

De acuerdo con el artículo 149 de la Constitución, corresponde al Estado el establecimiento de las bases y la coordinación general de la sanidad, la legislación sobre los productos farmacéuticos y la legislación básica y el régimen económico de la Seguridad Social, sin perjuicio de que las comunidades autónomas ejecuten y gestionen los servicios.

Al margen de la principal distribución de competencias en materia de Seguridad Social, a favor del Estado, conviene decir también que en los artículos 148.12 y 21 tiene lugar la asignación a las comunidades autónomas de la competencia en materia de asistencia social, sanidad e higiene.

Las competencias en materia de Seguridad Social están repartidas entre el Estado y las comunidades autónomas.

Según el artículo 41 de la Constitución, es competencia del Estado legislar sobre los criterios y principios básicos en materia de Seguridad Social. Las comunidades autónomas pueden dictar disposiciones legales y reglamentarias, pero siempre respetando las bases fijadas para todo el territorio nacional.

Organismos gestores de la Seguridad Social

A fin de ejercer las competencias anteriormente citadas, tanto el Estado como las comunidades autónomas han estructurado la Seguridad Social en los siguientes organismos:

— Instituto Nacional de la Seguridad Social (INSS): es el organismo que, en dependencia del Ministerio de Trabajo y Seguridad Social, efectúa la gestión de las prestaciones económicas, con excepción de las relativas al desempleo;
— Instituto Social de la Marina (ISM): es el organismo específico para la gestión del Régimen Especial de los trabajadores del mar, que depende del Ministerio de Trabajo y Seguridad Social;
— Tesorería General de la Seguridad Social (TGSS): efectúa la recaudación de las cuotas de la Seguridad Social, el pago de prestaciones económicas, la afiliación de los trabajadores y la inscripción de las empresas; depende del Ministerio de Trabajo y Seguridad Social;
— Gerencia Informática de la Seguridad Social (GISS): dota de servicios informáticos a los organismos anteriormente citados; también depende del Ministerio de Trabajo y Seguridad Social;
— Instituto Nacional de la Salud (INSALUD): tiene como competencia principal el desarrollo y ejecución de las funciones y actividades precisas para hacer efectivos los servicios y garantizar las prestaciones sanitarias de la Seguridad Social, así como las relativas a medicina preventiva y promoción de la salud individual; además, administra los medios

personales y materiales sanitarios y la coordinación funcional de las actividades de las instituciones;
— Instituto de Migraciones y Servicios Sociales (IMSERSO): amplía las competencias del anterior Instituto Nacional de Servicios Sociales (INSERSO), que gestionaba los servicios complementarios de las prestaciones económicas y las pensiones no contributivas de la Seguridad Social, en materia de inmigración, configurándose una organización del Instituto por colectivos: personas mayores, personas con discapacidad y migrantes.

Campo de aplicación y estructura del Sistema de Seguridad Social

> Las pensiones de la Seguridad Social otorgan prestaciones de tipo económico de forma que sus beneficiarios dispongan de un mayor bienestar cuando alcancen una determinada edad o les afecten determinados eventos (incapacidad, etc.).
>
> A efectos de las prestaciones de modalidad contributiva, están incluidos dentro del campo de aplicación del Sistema de Seguridad Social todos los españoles que residan en España y los extranjeros que residan o se encuentren legalmente en España, siempre que, en ambos supuestos, ejerzan su actividad en territorio nacional y sean:
>
> — trabajadores por cuenta ajena;
> — trabajadores por cuenta propia (autónomos);
> — socios trabajadores de cooperativas de trabajo asociado;
> — estudiantes;
> — funcionarios públicos.

El artículo 7 de la Ley General de la Seguridad Social, redactado conforme el artículo 44 de la Ley 66/1997, de 30 de diciembre, de Medidas Fiscales, Administrativas y del Orden Social (también conocida como Ley de Acompañamiento de los Presupuestos), establece el campo de aplicación del Sistema de Seguridad Social y distingue dos modalidades: la contributiva y la no contributiva.

Mediante esta segunda modalidad, el Estado garantiza a las personas que no hayan cotizado a la Seguridad Social (o que sí han cotizado, pero no durante el tiempo suficiente para la percepción de una prestación contributiva) la protección adecuada cuando precisen de una asistencia sanitaria o de unas prestaciones económicas sustitutivas de las rentas dejadas de percibir.

Modalidad contributiva

Afecta a los españoles que residan en España y los extranjeros que residan o se encuentren legalmente en España, siempre que, en ambos supuestos, ejerzan su actividad en territorio nacional y estén incluidos en alguno de los apartados siguientes:

— trabajadores por cuenta ajena que presten sus servicios en las distintas ramas de la actividad económica, ya sean eventuales o fijos, incluidos los trabajadores a domicilio y con independencia, en todos los casos, de la categoría profesional del trabajador y de la forma y cuantía de la remuneración que perciba;
— trabajadores por cuenta propia o autónomos, sean o no titulares de empresas individuales o familiares, mayores de edad;
— socios trabajadores de cooperativas de trabajo asociado;
— estudiantes;
— funcionarios públicos, civiles y militares.

Los trabajadores españoles no residentes en territorio nacional

Como excepción a la norma general, están incluidos en el campo de aplicación del Régimen General de la Seguridad Social los siguientes trabajadores no residentes en España:

— los trabajadores españoles trasladados por su empresa fuera del territorio nacional;
— los españoles no residentes en territorio nacional que ostenten la condición de funcionarios o empleados de organizaciones internacionales intergubernamentales;

— el personal español contratado al servicio de la Administración española en el extranjero.

Paralelamente, el Gobierno ha establecido diversas medidas de protección social a favor de los españoles no residentes en España de acuerdo con las características de los países de residencia. En este sentido, se aprobó el Real Decreto 728/1993, de 14 de mayo, por el que se establecen pensiones asistenciales por ancianidad a favor de los emigrantes españoles.

Extranjeros residentes en España

La ley 13/1996, de 30 de diciembre, modificó el artículo 7.1 de la LGSS, de modo que el extranjero que resida o se encuentre legalmente en España tendrá derecho a las prestaciones de modalidad contributiva. De este modo, los extranjeros residentes tendrán derecho a acceder a las prestaciones y servicios de la Seguridad Social en las mismas condiciones que los españoles.

La ley que regula la situación de los extranjeros en España es la Ley Orgánica 8/2000, de 22 de diciembre, de reforma de la Ley Orgánica 4/2000, de 11 de enero, sobre derechos y libertades de los extranjeros en España y su integración social.

Los extranjeros que se encuentren en España inscritos en el padrón del municipio en el que residan habitualmente tienen derecho a la asistencia sanitaria en las mismas condiciones que los españoles. Asimismo, tienen derecho a la asistencia sanitaria pública de urgencia ante la contracción de enfermedades graves o accidentes, cualquiera que sea su causa, y a la continuidad de dicha atención hasta la situación de alta médica. Las extranjeras embarazadas que se encuentren en España tendrán derecho a la asistencia sanitaria durante el embarazo, parto y posparto.

Modalidad no contributiva

El artículo 7.3 de la LGSS establece que se consideran dentro del Sistema de Seguridad Social, a los efectos de estas prestaciones, todos los españoles residentes en territorio nacional.

En la modalidad no contributiva las personas que no hayan cotizado tienen asegurada asistencia sanitaria y prestaciones económicas sustitutivas de las rentas dejadas de percibir.

La residencia se acreditará mediante certificación de inscripción en el censo municipal, no considerándose interrumpida la residencia por las ausencias del territorio español inferiores a 90 días a lo largo de cada año natural y también cuando la ausencia esté motivada por causas de enfermedad justificadas.

Por otra parte, para las prestaciones no contributivas de invalidez y jubilación, además de la residencia actual en territorio español, se exige residencia de cinco años, de los cuales dos deberán ser inmediatamente anteriores a la fecha de solicitud de la pensión, para el caso de la pensión de invalidez.

Así, una persona que haya residido intermitentemente en territorio español, es decir, que haya realizado frecuentes salidas y entradas del país, para alternar su residencia en España con su residencia en otro u otros países, ha de acreditar que el resultado de la suma de sus distintas estancias en España es, como mínimo, de cinco años, habiendo residido ininterrumpidamente en el país los últimos dos años anteriores a su solicitud de pensión de invalidez.

Se exige residencia de diez años entre los dieciséis años y el devengo de la pensión, de los cuales dos deberán ser consecutivos e inmediatamente anteriores a la solicitud, si se trata de jubilación.

Extranjeros residentes en España

Los hispanoamericanos, portugueses, brasileños, andorranos y filipinos que residan en territorio español tienen derecho a las prestaciones no contributivas.

Con respecto a los ciudadanos de otros países, hay que atenerse a lo que se disponga en los tratados, convenios o acuerdos aprobados al efecto, o cuanto les fuera aplicable en virtud de reciprocidad reconocida. Existen las siguientes normas internacionales:

— reglamento CEE número 1.408/71, del Consejo, de 14 de junio, relativo a la aplicación de los Regímenes de Seguridad Social a los traba-

jadores por cuenta ajena y por cuenta propia y a los familiares que se desplazan dentro de la Comunidad;
— en el ámbito de la Unión Europea, convenios bilaterales suscritos por España con otros Estados miembros, siempre que no hayan sido objeto de sustitución por la normativa comunitaria, así como los artículos de los convenios bilaterales que hayan sido objeto de reserva;
— convenios de la Organización Internacional de Trabajadores;
— Código Europeo de la Seguridad Social, de 16 de abril de 1994;
— convenios bilaterales suscritos por España con Argentina, Andorra, Australia, Brasil, Canadá, Chile, Ecuador, Estados Unidos, Filipinas, Marruecos, México, Panamá, Paraguay, Perú, Rusia, Suiza, Ucrania, Uruguay y Venezuela, entre otros.

Campo de aplicación de la Seguridad Social

El campo de aplicación se extiende a todos los españoles incluidos en alguno de los apartados siguientes:

— trabajadores por cuenta ajena;
— trabajadores por cuenta propia o autónomos;
— socios trabajadores de cooperativas de producción;
— empleadas de hogar;
— estudiantes;
— funcionarios públicos;
— españoles no residentes en territorio nacional en determinadas situaciones;
— extranjeros con permiso de residencia y de trabajo en España.

Composición del Sistema de Seguridad Social

El Sistema de Seguridad Social está compuesto por el Régimen General y por Regímenes Especiales.

Dentro del Régimen General de la Seguridad Social, se hallan también incluidos como Sistemas Especiales colectivos con particularidades en materia de afiliación y cotización:

— Sistema Especial de frutas, hortalizas e industria de conservas vegetales;
— Sistema Especial de la industria resinera;
— Sistema Especial de los servicios extraordinarios de hostelería;
— Sistema Especial de manipulado y empaquetado del tomate fresco, realizados por cosecheros exportadores;
— Sistema Especial de trabajadores fijos discontinuos de cines, salas de baile y de fiesta y discotecas;
— Sistema Especial de trabajadores fijos discontinuos de empresas de estudio de mercado y opinión pública.

Actualmente, el Sistema de Seguridad Social comprende también los siguientes Regímenes Especiales:

— Régimen Especial agrario;
— Régimen Especial de trabajadores autónomos;
— Régimen Especial de empleados del hogar;
— Régimen Especial de minería del carbón;
— Régimen Especial de trabajadores del mar.

El Sistema de Seguridad Social se organiza en regímenes en los que se incluyen los diversos colectivos de personas comprendidas en su campo de aplicación.

Según el artículo 9.1 de la Ley General de la Seguridad Social, el Sistema de Seguridad Social viene integrado por el Régimen General y los Regímenes Especiales.

Régimen General

El Régimen General integra al colectivo de trabajadores por cuenta ajena, autónomos, socios trabajadores de cooperativas, estudiantes y funcionarios.

Según el artículo 97 de la LGSS, están comprendidos en el Régimen General de la Seguridad Social todos los españoles que residan en España y los extranjeros que residan o se encuentren legalmente en España siempre que, en ambos supuestos, ejerzan su actividad en territorio nacional y trabajen por cuenta ajena en las ramas de industria o servicios.

El Régimen General constituye la base fundamental del sistema, tanto por el número de personas en él incluidas como por la amplitud de la acción protectora que otorga. De este modo, están comprendidos en este régimen:

— los trabajadores por cuenta ajena;
— los socios trabajadores de sociedades mercantiles capitalistas, aun cuando sean miembros de su órgano de administración, si el desempeño de este cargo no conlleva la realización de las funciones de dirección y gerencia de la sociedad ni poseen su control;
— los conductores de vehículos de turismo al servicio de particulares;
— el personal civil no funcionario dependiente de organismos, servicios o entidades del Estado;
— el personal civil no funcionario al servicio de organismos y entidades de la Administración local, siempre que no esté incluido en virtud de una ley especial en otro régimen obligatorio de previsión social;
— los laicos que presten servicios retribuidos en los establecimientos o dependencias de las entidades o instituciones eclesiásticas;

- las personas que presten servicios retribuidos en las entidades o instituciones de carácter benéfico-social;
- el personal contratado al servicio de notarías, registros de la propiedad y demás oficinas o centros similares;
- los funcionarios en prácticas que aspiren a incorporarse a cuerpos o escalas de funcionarios que no estén sujetos al Régimen de Clases Pasivas y los altos cargos de las Administraciones Públicas que no sean funcionarios públicos, así como los funcionarios de nuevo ingreso de las comunidades autónomas;
- los funcionarios del Estado transferidos a las comunidades autónomas que hayan ingresado o ingresen voluntariamente en sus cuerpos o escalas, cualquiera que sea el sistema de acceso;
- los miembros de las corporaciones locales que desempeñen sus cargos con dedicación exclusiva.

Exclusiones del Régimen General

Quedan excluidos del Régimen General, según el artículo 98 de la Ley General de la Seguridad Social:

- los trabajos que se realicen ocasionalmente mediante los llamados servicios amistosos, benévolos o de buena vecindad;
- los trabajos que den lugar a la inclusión en alguno de los Regímenes Especiales de la Seguridad Social;
- los trabajos que hayan sido realizados por familiares.

Regímenes Especiales

Si el campo de aplicación del Régimen General lo constituyen los trabajadores por cuenta ajena de la industria y los servicios, el ámbito de aplicación de los Regímenes Especiales se extiende a:

- las personas excluidas del concepto de trabajador por cuenta ajena (funcionarios públicos, estudiantes, trabajadores autónomos);

Regímenes que integran el Sistema de Seguridad Social

Régimen General

1. Trabajadores por cuenta ajena o asimilados.
2. Socios trabajadores de sociedades mercantiles que no realicen funciones de dirección de la empresa.
3. Conductores de vehículos de turismo al servicio de particulares.
4. Personal civil no funcionario dependiente de organismos o entidades del Estado o de la Administración local.
5. Laicos o seglares que presten servicios retribuidos en instituciones eclesiásticas.
6. Personas que presten servicios retribuidos en entidades o instituciones de carácter benéfico-social.
7. Personal de notarías, registros de la propiedad y demás centros similares.
8. Personal civil no funcionario dependiente de organismos o entidades del Estado o de la Administración local, no incluidos en otro régimen obligatorio de previsión social.
9. Funcionarios del Estado transferidos voluntariamente a las comunidades autónomas.
10. Miembros de las corporaciones locales que desempeñen sus cargos con dedicación exclusiva.

Sistemas Especiales

1. Régimen Especial agrario.
2. Trabajadores del mar.
3. Trabajadores autónomos.
4. Empleados del hogar.
5. Minería del carbón.
6. Estudiantes.
7. Sistema Especial de frutas, hortalizas e industria de conservas vegetales.
8. Sistema Especial de la industria resinera.
9. Sistema Especial de los servicios extraordinarios de hostelería.
10. Sistema Especial de trabajadores fijos discontinuos de empresas de estudio de mercado y opinión pública.

— las personas cuyo trabajo se considera una relación laboral especial (empleados de hogar);
— quienes, aun con carácter de trabajador por cuenta ajena y no teniéndolo, prestan sus servicios en el sector primario de la agricultura y la ganadería (Régimen Especial agrario y Sistema Especial de frutas, hortalizas e industria de conservas vegetales);
— aquellos trabajadores que, aun siéndolo por cuenta ajena y perteneciendo a los sectores industrial y de servicios, desempeñan actividades profesionales en condiciones especialmente penosas (como, por ejemplo, los trabajadores de la minería del carbón) o están sujetos a peculiares condiciones de tiempo y lugar (trabajadores del mar);
— Sistema Especial de la industria resinera;
— Sistema Especial de los servicios extraordinarios de hostelería;
— Sistema Especial de trabajadores fijos discontinuos de empresas de estudio de mercado y opinión pública.

Los Regímenes Especiales suponen una regulación propia y distinta para un sector diferenciado de la población asegurada.

Los Regímenes Especiales suponen una regulación propia y distinta de la acción protectora de la Seguridad Social para un sector diferenciado de la población asegurada, que implica, en algunos casos concretos, diferencias importantes en lo que se refiere a la organización y el procedimiento administrativo (altas, bajas, variaciones, cotización y recaudación) que dispone el Régimen General para el resto de los españoles.

Afiliación al sistema. Altas y bajas en los regímenes que lo integran

> Toda persona que vaya a iniciar una actividad laboral determinante de su inclusión en un régimen del Sistema de Seguridad Social deberá solicitar un número de afiliación. La afiliación presenta las siguientes características:
> — es obligatoria para las personas incluidas en el sistema a efectos de derechos y obligaciones en su modalidad contributiva;
> — es única y general para todos los regímenes del sistema;
> — se extiende a toda la vida de las personas comprendidas en el sistema;
> — es exclusiva.

La necesidad de los actos de afiliación o encuadramiento como medio de información y control para el funcionamiento del Sistema de Seguridad Social es obvia. El problema es si la afiliación al sistema conlleva la integración al mismo, y, por lo tanto, en sentido contrario, si una persona que no esté afiliada queda automáticamente excluida de los beneficios de la Seguridad Social.

La inscripción de las empresas en el sistema

Podemos definir la inscripción de los empresarios como el acto administrativo por el que la Tesorería General de la Seguridad Social incluye a los

La inscripción de los empresarios es requisito previo e indispensable al iniciar sus actividades.

empresarios que empleen trabajadores por cuenta ajena en el registro del régimen correspondiente a efectos de su identificación y control de sus obligaciones con la Seguridad Social.

A estos efectos se considera empresario a toda persona física o jurídica (por ejemplo, una sociedad civil o mercantil) a la que presten sus servicios, con la consideración de trabajadores por cuenta ajena, las personas comprendidas en el campo de aplicación de cualquier régimen de los que integran el Sistema de Seguridad Social. Ello es así incluso en el caso de que su actividad no esté motivada por ánimo de lucro, es decir, aunque no pretenda beneficio económico alguno.

Como requisito previo e indispensable a la iniciación de sus actividades, todo empresario debe solicitar a la Tesorería General de la Seguridad Social su inscripción en el correspondiente régimen del Sistema de Seguridad Social.

Al formular la solicitud de inscripción, el empresario hará constar la entidad gestora y la entidad o entidades colaboradoras por las que opta, tanto para la protección de las contingencias de accidentes de trabajo y enfermedades profesionales como para la cobertura de la prestación económica por incapacidad temporal derivada de contingencias comunes, respecto de los trabajadores que emplee.

Los empresarios deben comunicar las variaciones de datos, especialmente los relativos a la entidad que deba asumir la protección por contingencias del personal a su servicio.

La inscripción se realizará en la Dirección Provincial de la Tesorería General de la provincia en la que radique el domicilio de la empresa; siendo única para todo el territorio del Estado y válida durante la existencia de la persona física o jurídica correspondiente.

Al formular la solicitud de inscripción, el empresario deberá solicitar la apertura de una cuenta de cotización, asignándole el INSS a cada cuenta un código, el cual deberá hacerse constar en los documentos de cotización.

Los empresarios deberán comunicar las variaciones que se produzcan de los datos facilitados al solicitar su inscripción, y en especial la referente al cambio de la entidad que deba asumir la protección por las contingencias del personal a su servicio.

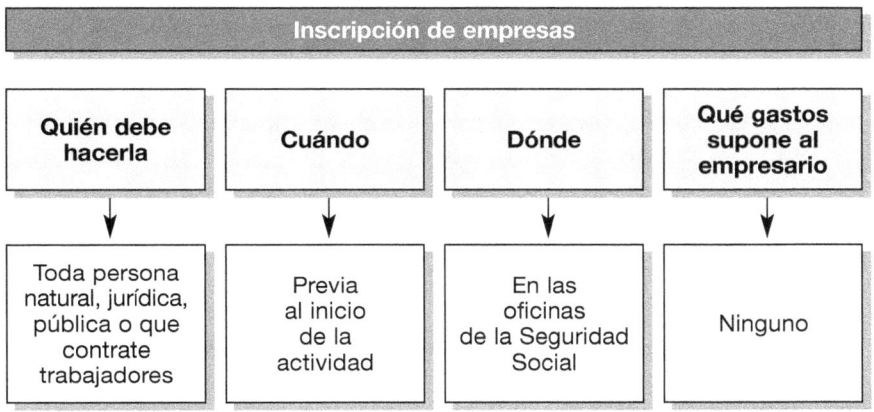

Las empresas deberán comunicar, dentro de los seis días siguientes a que se produzcan, las variaciones en los datos que se declararon en el momento de la inscripción. Asimismo, se deberá comunicar el cese temporal o definitivo de la actividad, comunicación que irá acompañada de los correspondientes partes de baja de los trabajadores.

Inscripción del empresario individual y colectivo

El ordenamiento jurídico español conoce, junto al empresario individual, los empresarios personas jurídicas. Los más conocidos son las sociedades mercantiles (anónimas, de responsabilidad limitada, etc.).

La inscripción es el acto administrativo por el que la Tesorería General de la Seguridad Social asigna al empresario un número para su identificación y control de sus obligaciones en el respectivo régimen del Sistema de Seguridad Social. Dicho número es considerado como primero y principal código de cuenta de cotización. Al mismo se vincularán todos aquellos otros que puedan asignársele a un empresario. Es importante señalar que el empresario debe solicitar un código de cuenta de cotización en cada una de las provincias donde ejerza actividad, así como en determinados supuestos en que sea necesario identificar colectivos de trabajadores con peculiaridades de cotización. Todo empresario que por primera vez vaya a contratar trabajadores ha de formalizar ante la Tesorería General de la Seguridad Social su solicitud de inscripción en el sistema mediante la presentación del correspondiente impreso oficial de solicitud, por triplicado, así como la siguiente documentación:

a) Original o copia del documento identificativo del titular de la empresa o empresario individual.

b) Solicitud de formalización de la cobertura de riesgos profesionales con entidad gestora de la Seguridad Social, si el empresario opta por que las contingencias profesionales las cubra la entidad gestora de la Seguridad Social. En el caso de que la opción sea a favor de una mutua de accidentes de trabajo y enfermedades profesionales de la Seguridad Social, se deberá aportar un duplicado del documento de asociación o propuesta de asociación con la mutua de accidentes escogida.

c) Documento de opción en el que conste la cobertura de la prestación económica de incapacidad temporal por contingencias comunes a cargo de la entidad gestora o de la mutua de accidentes, si estas amparan los riesgos profesionales de los trabajadores.

Si se trata de un empresario colectivo o de sociedades extranjeras, se presentará:

a) Fotocopia del DNI de la persona natural que formula la solicitud y el título jurídico en virtud del cual la efectúa (el peticionario deberá acompañar la solicitud de alta con un documento que acredite los poderes del firmante, si no están especificados en la escritura de constitución de la empresa).

b) Documento CIF.

c) Acreditación de la condición de empresario mediante la escritura de constitución o certificación del registro correspondiente, si se trata de sociedades que requieran inscripción.

d) Libro de actas, en el caso de las comunidades de propietarios.

e) Certificado del Ministerio de Interior, en el caso de asociaciones, o cualquier otro documento análogo, según la naturaleza y actividad de la persona jurídica de que se trate, o, en su defecto, relación de los comuneros o de las personas integrantes del ente sin personalidad, expresando el nombre, domicilio y DNI de cada uno de ellos.

Las sociedades extranjeras que no establezcan el centro de trabajo en España deberán aportar los documentos indicados anteriormente con carácter general y fotocopia de las escrituras de constitución de la empresa extranjera con certificado de estar inscrita en el registro correspondiente o el equivalente exigido por su legislación para empresas de la Unión Europea. De igual modo, deberán aportar certificado expedido por el cónsul español de su autorización y constitución legal en su país (únicamente en el caso de terceros países). Finalmente, deberán aportar el nombramiento o poder de representación de un representante legal con domicilio en España.

La afiliación de los trabajadores. Altas y bajas

La afiliación de los trabajadores es obligatoria y única de por vida, sin perjuicio de las altas y bajas en el sistema.

La afiliación de los trabajadores es obligatoria y única de por vida, sin perjuicio de las altas y bajas en los regímenes determinados.

El empresario está obligado a solicitar la afiliación de los trabajadores a su servicio cuando nunca han estado afiliados. Para ello presentará la solicitud en el impreso oficial correspondiente (actual modelo TA. 1), junto con la fotocopia del DNI de la persona que pretende afiliar, el parte de alta en el trabajo de esa persona (actual impreso TA. 2) y el parte para la asignación de médico y para la inclusión de beneficiarios. Si el trabajador inicia actividad por cuenta propia, será él mismo el que solicite su afiliación aportando los mismos documentos.

Una vez afiliado el trabajador, se le asigna un número de por vida.

Si una empresa no solicita la afiliación de un trabajador al inicio de la relación, el trabajador podrá solicitarla por sí mismo.

Una vez realizada la filiación del trabajador, a este se le asigna un número con carácter vitalicio; por ello la afiliación es un acto que únicamente se realiza una vez en la vida del trabajador. Si variara alguno de los datos incluidos en los modelos oficiales presentados, estos deberán ser comunicados en el plazo de seis días desde que se produjera la modificación.

Cualquier modificación de datos relativos a la afiliación del trabajador deberá comunicarse en un plazo máximo de seis días.

Existe, además, una forma de afiliación llamada de oficio efectuada por las Tesorerías Territoriales como consecuencia de la actuación de la Inspección de Trabajo. Así, procederá la afiliación de oficio cuando por cualquier circunstancia el empresario no hubiere inscrito al trabajador en el sistema y sea la propia Administración, a través de la Inspección de Trabajo, quien procediere a inscribir al trabajador, con la correspondiente sanción para el empresario.

Altas y bajas de los trabajadores

Los empresarios están obligados a solicitar la afiliación al Sistema de Seguridad Social de los trabajadores que ingresen a su servicio, así como a comunicar dicho ingreso y, en su caso, el cese en la empresa de tales trabajadores para que sean dados, respectivamente, de alta y de baja en el Régimen General.

El alta del trabajador supone un acto formal de adscripción a un determinado régimen del Sistema de Seguridad Social. La inclusión en uno u otro régimen viene determinada por la distinta naturaleza de las actividades profesionales.

Con independencia de la obligación de solicitar la afiliación de aquellos trabajadores que no lo estuvieren, los empresarios deberán comunicar las altas y bajas de los que ingresen o cesen.

Los empresarios están obligados a solicitar la afiliación al sistema de los trabajadores que ingresen en su servicio.

El alta debe formalizarse antes de prestar los servicios, bien mediante la presentación o envío del documento, bien a través de cualquier procedimiento electrónico, informático o telemático que permita transmitir los datos pertinentes.

El incumplimiento de la obligación de comunicación de las altas y bajas de trabajadores dará lugar a que sean efectuadas a instancia de parte o de oficio.

Los justificantes del cumplimiento de las obligaciones de alta los conservará el empresario mientras el trabajador no cause baja, y, en todo caso, durante cinco años. Los partes de baja y de variaciones se guardarán por los mismos periodos.

El reconocimiento del derecho al alta y a la baja en el Régimen General corresponderá al organismo de la Administración de la Seguridad Social que reglamentariamente se establezca.

La afiliación y altas sucesivas solicitadas fuera de plazo por el empresario o el trabajador no tendrán efecto retroactivo alguno.

¿CÓMO Y CUÁNDO SE COMUNICA EL ALTA DE UN TRABAJADOR?

I. A instancias del empresario.

Los empresarios están obligados a comunicar el alta o, en su caso, la baja y variación de los datos relativos a los trabajadores que ingresen o cesen en la prestación de servicios en su empresa.

Igualmente, cuando el trabajador se traslade a un centro de trabajo del mismo empresario situado en diferente provincia, deberá promoverse la baja en la provincia de procedencia y el alta en la de destino.

También corresponderá presentar el alta o la baja de un trabajador cuando, por cualquier causa, proceda su adscripción a una cuenta de cotización distinta.

II. A instancias del trabajador.
En caso de incumplimiento por parte de los empresarios de las obligaciones indicadas en el apartado anterior, los trabajadores por cuenta ajena podrán instar directamente de la Tesorería General de la Seguridad Social su alta, su baja o variación de datos, según proceda, en el régimen de encuadramiento.

Los trabajadores por cuenta propia o autónomos estarán obligados a comunicar directamente el inicio o el cese de sus actividades, a efectos de las altas, bajas y variaciones de datos de los mismos en el régimen en que figuran incluidos.

III. De oficio.
Las altas, bajas o variaciones de datos de los trabajadores podrán efectuarse de oficio por la Dirección Provincial de la Tesorería General de la Seguridad Social o Administración de la misma, en el caso de que, como consecuencia de la actuación de la Inspección de Trabajo y Seguridad Social, de los datos obrantes en las entidades gestoras o por cualquier otro procedimiento, se compruebe el incumplimiento de la obligación de comunicar el ingreso, cese o variación de datos de los trabajadores por parte de las empresas o, en su caso, de los trabajadores obligados a efectuarla.

Presentación a través de medios informáticos, electrónicos y telemáticos

Las altas, bajas y variaciones de datos de trabajadores podrán ser presentadas por los sujetos obligados a través de medios informáticos, electrónicos y telemáticos (Sistema RED).

Para ello, los sujetos obligados a la presentación deberán solicitar en la Dirección Provincial de la Tesorería General de la Seguridad Social autorización al Sistema RED.

¿Cuándo surten efecto las altas?

Las altas presentadas con carácter previo a la prestación de los servicios únicamente surtirán efecto, en orden a los derechos y obligaciones inherentes a dicha situación, a partir del día en que se inicie la actividad. Sin embargo, las altas presentadas fuera de plazo sólo tendrán efectos desde el día en que se formule la solicitud, salvo que se haya producido ingreso de cuotas en plazo reglamentario, en cuyo caso el alta retrotraerá sus efectos a la fecha en que se hayan ingresado las primeras cuotas correspondientes al trabajador de que se trate. Las altas practicadas de oficio por las Direcciones Provinciales de la Tesorería General de la Seguridad Social o las Administraciones retrotraerán sus efectos a la fecha en que los hechos que las motiven hayan sido conocidos por unas u otras.

La afiliación y altas sucesivas solicitadas fuera de plazo no producen efectos retroactivos.

¿Cómo y cuándo se comunican las bajas de los trabajadores?

La baja del trabajador deberá presentarse en la Administración de la Tesorería General de la Seguridad Social dentro de los seis días naturales siguientes al cese laboral. La presentación de la baja extinguirá la obligación de cotizar desde la fecha de cese en el trabajo, siempre que se haya comunicado en plazo y forma.

Efectos de las bajas de los trabajadores

La baja del trabajador produce efectos desde el cese en la prestación de servicios por cuenta ajena.

La baja del trabajador producirá efectos desde el mismo momento del cese en la prestación de los servicios por cuenta ajena, en la actividad por cuenta propia o, en su caso, en la situación determinante de su inclusión dentro del régimen de que se trate.

La solicitud de baja del trabajador extinguirá la obligación de cotizar desde el cese en el trabajo.

Si la baja se solicita fuera de plazo, la obligación de cotizar se extingue el día en que la Tesorería General de la Seguridad Social conozca el cese en el trabajo por cuenta ajena o en la actividad por cuenta propia.

Cuando la Tesorería General de la Seguridad Social curse la baja de oficio, la obligación de cotizar se extinguirá desde el mismo día en que se haya llevado a cabo la actuación inspectora o se hayan recibido los datos o documentos que acrediten el cese en el trabajo.

Si la baja se solicita fuera de plazo, la obligación de cotizar se extingue el día en que la Tesorería de la Seguridad Social conoce el cese.

No obstante lo dispuesto en los apartados anteriores, los interesados podrán probar por cualquiera de los medios admitidos en derecho que no se inició la actividad en la fecha notificada al solicitar el alta o que el cese en la actividad, en la prestación de servicios o en la situación de que se trate tuvo lugar en otra fecha, a efectos de la extinción de la obligación de cotizar, sin perjuicio, en su caso, de los efectos que deban producirse tanto en orden a la devolución de las cuotas que resulten indebidamente ingresadas como respecto del reintegro de las prestaciones que resulten indebidamente percibidas, salvo que por aplicación de la prescripción no fuera exigible ni la devolución ni el reintegro.

SITUACIONES ASIMILADAS AL ALTA EN LA SEGURIDAD SOCIAL

Son situaciones asimiladas al alta aquellas que producen efectos equivalentes a los del alta en el Sistema de Seguridad Social. A continuación, se detallan las situaciones contempladas.

1. La situación legal de desempleo, total y subsidiado, y la de paro involuntario una vez agotada la prestación contributiva o asistencial, siempre que se mantenga la inscripción como desempleado en la Oficina de Empleo.

2. La excedencia forzosa. Tiene lugar en determinados supuestos expresamente establecidos por la ley, en los que, producido el cese temporal o definitivo en la actividad laboral, se estima que debe conservarse la situación de alta en que se encontraba el trabajador con anterioridad al

cese. Tales asimilaciones operan en cualquier caso respecto a las contingencias que se señalen y con el alcance que en cada caso se determine. Son situaciones asimiladas a la de alta:

3. La situación de excedencia para el cuidado de hijos con reserva de puesto de trabajo, de acuerdo con la legislación aplicable.

4. La suspensión del contrato de trabajo por servicio militar o prestación social sustitutoria.

5. El traslado del trabajador por la empresa fuera del territorio nacional.

6. La suscripción de un convenio especial en sus diferentes tipos.

7. Los periodos de inactividad entre trabajos de temporada.

8. Los periodos de prisión sufridos como consecuencia de los supuestos contemplados en la Ley de Amnistía.

9. La situación de aquellos trabajadores que no se encuentren en alta ni en ninguna otra de las situaciones asimiladas después de haber prestado servicios en puestos de trabajo que ofrecieron riesgo de enfermedad profesional y a los solos efectos de que pueda declararse una invalidez permanente debida a dicha contingencia.

10. Para los colectivos de artistas y de profesionales taurinos, los días que resulten cotizados por aplicación de las normas que regulan su cotización, los cuales tendrán la consideración de días cotizados y en situación de alta aunque no se correspondan con los de prestación de servicios.

11. A los solos efectos de conservación del derecho a la asistencia sanitaria, la situación de baja de los trabajadores por cuenta ajena incluidos en el régimen de la Seguridad Social que corresponda, habiendo permanecido o no en situación de alta en el mismo un mínimo de 90 días durante los 365 días naturales inmediatamente anteriores al de la baja.

12. A los solos efectos de asistencia sanitaria, la situación de los trabajadores despedidos, incluidos en el correspondiente régimen de la Seguridad Social, que tengan pendiente de resolución ante la jurisdicción laboral demanda por despido improcedente o nulo.

13. A los efectos de la protección por desempleo, se consideran situaciones asimiladas al alta las determinadas por las normas específicas que regulan esta prestación.

14. En el Régimen Especial agrario, la situación de desplazamiento al extranjero por razón de trabajo.

15. En el Régimen Especial de trabajadores por cuenta propia o autónomos, el periodo de los 90 días naturales siguientes al último día del mes en que se produzca la baja en dicho régimen.

16. Los periodos de percepción de las ayudas destinadas a fomentar el cese anticipado en la actividad agraria.

Cotización al sistema

> La cotización es una actividad en virtud de la cual los sujetos obligados aportan recursos económicos al Sistema de Seguridad Social. Sus elementos básicos son la base de cotización, el tipo de cotización y la cuota.
>
> La obligación de cotizar nace desde el inicio de la actividad laboral y se mantiene durante todo el periodo en que el trabajador desarrolle su actividad.

La financiación del Sistema de Seguridad Social se efectúa a través de las aportaciones de empresarios y trabajadores. La cotización es la obligación impuesta por la ley a empresarios y trabajadores para contribuir al sostenimiento de la Seguridad Social. Se trata de una actividad en virtud de la cual los sujetos obligados aportan recursos económicos al Sistema de Seguridad Social. Sus elementos básicos son la base de cotización, el tipo de cotización y la cuota.

La base de cotización es el importe salarial sobre el cual se aplican porcentajes para determinar la cuota que debe ingresarse en la Tesorería General de la Seguridad Social, y que está formada, en el Régimen General, por las retribuciones que mensualmente tiene derecho a percibir el trabajador por el trabajo realizado por cuenta ajena más la parte proporcional de las pagas extraordinarias.

Cada trabajador tiene dos bases de cotización: por contingencias comunes y por contingencias profesionales, que incluye, además, el importe de las horas extraordinarias.

La obligación de cotizar

La obligación de cotizar al Sistema de Seguridad Social nace desde el inicio de la actividad laboral y se mantiene durante todo el periodo en que el trabajador desarrolle su actividad.

Deben cotizar al Régimen General de la Seguridad Social los empresarios y los trabajadores que realicen su actividad laboral. La obligación de cotizar nace desde el momento de la prestación del trabajador, incluido el periodo de prueba. Esta obligación no se interrumpe mientras el trabajador esté de alta, incluso en casos de incapacidad laboral transitoria, desempleo, traslados, etc.

Como excepciones cabe señalar las cuotas de accidente laboral y enfermedad profesional, que corren a cargo exclusivamente del empresario, y las situaciones de desempleo en las que el Instituto Nacional de Empleo (INEM) asume la obligación de cotizar.

El ingreso de las cuotas debe ser efectuado por el empresario, puesto que descuenta del salario la cuota del trabajador.

La obligación de cotizar nace desde el inicio de la actividad laboral y se mantiene durante todo el periodo en que el trabajador desarrolle su actividad. La no presentación de la solicitud de afiliación o de alta no impedirá el nacimiento de la obligación de cotizar desde el momento en que concurran los requisitos que determinen su inclusión en el régimen que corresponda.

De igual modo, la obligación de cotizar sigue vigente en las siguientes situaciones:

— incapacidad temporal;
— riesgo durante el embarazo;
— descanso por maternidad;
— cumplimiento de deberes de carácter público;
— desempeño de cargos de representación sindical (siempre que no den lugar a excedencia en el trabajo o al cese en la actividad);
— permisos y licencias que no den lugar a excedencias en el trabajo;
— convenios especiales;
— desempleo contributivo;
— desempleo asistencial, en su caso.

Extinción de la obligación de cotizar

La obligación de cotizar se extingue con el cese en el trabajo, siempre que se comunique la baja en el tiempo y la forma establecidos. En los casos en que no se solicite la baja o se formule fuera de plazo, no se extinguirá la obligación de cotizar hasta el día en que la Tesorería General de la Seguridad Social conozca el cese en el trabajo por cuenta ajena, en la actividad por cuenta propia o en la situación determinante de la inclusión en el régimen de la Seguridad Social de que se trate.

La obligación de cotizar se extingue con el cese en el trabajo, siempre que se comunique la baja en el tiempo y la forma establecidos.

El derecho de la Administración de la Seguridad Social de determinar las deudas con la misma cuyo objeto esté constituido por cuotas, así como la acción para exigir el pago de las mismas, prescribe a los cuatro años. La prescripción queda interrumpida por las causas ordinarias y, en todo caso, por cualquier actuación administrativa realizada con conocimiento formal del responsable del pago conducente a la liquidación o recaudación de la deuda y, especialmente, por su reclamación administrativa mediante reclamación de deuda o acta de liquidación.

Elementos de la cotización

a) Base de cotización en los diversos regímenes del Sistema de Seguridad Social: es la cantidad que resulte de aplicar las reglas que para que los distintos Regímenes se establezcan en la Ley de Presupuestos Generales del Estado para cada ejercicio económico, en el Reglamento General sobre Cotización y Liquidación de otros Derechos de la Seguridad Social y en las normas que lo desarrollen y complementen.

El tipo de cotización es el porcentaje aplicable a la base de cotización, siendo el resultado la cuota o importe a pagar.

b) Tipo de cotización: es el porcentaje que se aplica a la base de cotización, siendo el resultado la cuota o importe a pagar.

Los tipos de cotización serán los que establezca cada año la correspondiente Ley de Presupuestos Generales del Estado.

c) Cuota de cotización: es el resultado de aplicar el tipo de cotización a la base de cotización y deducir, en su caso, el importe de las bonificaciones y/o reducciones que resulten aplicables, sin perjuicio de que pueda ser fijada directamente por las normas reguladoras de la cotización en los distintos regímenes del sistema.

La cuota de la Seguridad Social expresa el importe de la obligación de cotizar durante un periodo reglamentariamente delimitado, designado como periodo de liquidación.

Asimismo, debemos tener en cuenta los siguientes elementos:

a) Contingencias comunes: cobertura de situaciones de enfermedad, accidente no laboral o maternidad.

b) Accidentes de trabajo y enfermedades profesionales (contingencias producidas por el desempeño del trabajo).

Se distinguen al efecto:

— las cuotas por incapacidad temporal;
— las cuotas por invalidez, muerte y supervivencia.

c) Cotización por horas extraordinarias. A efectos de cotización a la Seguridad Social, las horas extras se dividen en dos categorías: horas extraordinarias estructurales y horas extraordinarias motivadas por fuerza mayor, aplicándose a las segundas un tipo de cotización mayor que a las primeras.

d) Cotizaciones de desempleo y el Fondo de Garantía Salarial. Las cuotas de la cotización de desempleo se dedican a la cobertura de este riesgo específico, mientras que las del Fondo de Garantía Salarial (FOGASA) están destinadas a garantizar los salarios que no se abonen a los trabajadores.

El FOGASA es un organismo autónomo dependiente del Ministerio de Trabajo y Seguridad Social que garantiza al trabajador la percepción de salarios e indemnizaciones en el caso de que el empresario se declare insolvente.

e) Formación profesional. Sus cuotas están destinadas a fondos de formación y reciclaje de los profesionales.

Cálculo de las bases de cotización

La base de cotización estará constituida por la remuneración total que tenga derecho a percibir el trabajador.

Conceptos computables

La retribución total podrá incluir los siguientes conceptos:

— salario base;
— complementos salariales.

Conceptos no computables

No se computarán en la base de cotización los siguientes conceptos:

— las dietas de viaje, los gastos de locomoción, los pluses de distancia y de transportes urbanos;
— las indemnizaciones por fallecimiento y las correspondientes a traslados, suspensiones y despidos;
— las cantidades que se abonen en concepto de quebranto de moneda y las indemnizaciones por desgaste de útiles o herramientas y adquisición de prendas de trabajo;
— los productos en especie concedidos por las empresas;
— las percepciones por matrimonio;
— las prestaciones de la Seguridad Social y sus mejoras;
— las horas extraordinarias, salvo para la cotización por accidente de trabajo y enfermedades profesionales.

Base de cotización para contingencias comunes

Para determinar la base de cotización correspondiente a cada mes se aplicarán las siguientes reglas:

Bases de cotización para contingencias comunes para el año 2006

Grupo de cotización	Categorías profesionales	Bases mínimas	Bases máximas
1	Ingenieros y licenciados. Personal de alta dirección no incluido en el artículo 1.3.c) del Estatuto de los Trabajadores	881,10 euros/mes	2.897,70 euros/mes
2	Ingenieros técnicos, peritos y ayudantes titulados	731,10 euros/mes	2.897,70 euros/mes
3	Jefes administrativos y de taller	635,70 euros/mes	2.897,70 euros/mes
4	Ayudantes no titulados	631,20 euros/mes	2.897,70 euros/mes
5	Oficiales administrativos	631,20 euros/mes	2.897,70 euros/mes
6	Subalternos	631,20 euros/mes	2.897,70 euros/mes
7	Auxiliares administrativos	631,20 euros/mes	2.897,70 euros/mes
8	Oficiales de primera y segunda	21,04 euros/día	96,59 euros/día
9	Oficiales de tercera y especialistas	21,04 euros/día	96,59 euros/día
10	Peones	21,04 euros/día	96,59 euros/día
11	Trabajadores menores de 18 años	21,04 euros/día	96,59 euros/día

a) Se computarán las retribuciones computables devengadas en el mes a que se refiere la cotización.

b) A las retribuciones computadas se añadirá la parte proporcional de las gratificaciones extraordinarias establecidas, así como de cualquier otro concepto salarial de vencimiento periódico superior a un mes. A tal efecto se dividirá el importe anual de las pagas entre doce. En consecuencia, en el momento del devengo de las pagas extraordinarias no se efectuará a las mismas deducción alguna por el concepto de cuotas a la Seguridad Social.

c) Si la base de cotización no estuviese comprendida entre la cuantía de la base mínima y la máxima correspondientes a la categoría profesional del trabajador, se cotizará por la base mínima o máxima según resulte inferior a aquella o superior a esta.

d) El importe de la base mensual de cotización se ajustará al múltiplo de 300 más próximo por defecto o por exceso. Si dicho importe equidistara de dos múltiplos consecutivos, se aplicará el inferior. No procederá el redondeo cuando el importe de la base de cotización coincida con el de la base mínima o con el de la máxima.

Bases máximas y mínimas de cotización

El sistema español de Seguridad Social es también un sistema profesional que tiene en cuenta la categoría del trabajador para fijar las cuotas que deben ingresarse.

Así, las bases de cotización no se corresponden con el salario real, sino que tienen un límite mínimo por razón de la categoría laboral y un límite máximo general por el que no se cotiza a la Seguridad Social (también hay, como veremos, una pensión máxima).

Bases de cotización para accidentes de trabajo y enfermedades profesionales

Para determinar la base de cotización para accidentes de trabajo y enfermedades profesionales se seguirán las mismas reglas que para el cálculo de las bases de cotización de las contingencias comunes, si bien para calcular la base para accidentes de trabajo y enfermedades profesionales no hay que respetar las bases máximas y mínimas por categorías profesionales, aunque sí los topes absolutos de cotización correspondiente al año en curso.

Por lo tanto, la base de cotización para contingencias comunes puede ser diferente de la base de cotización por contingencias profesionales, aunque no se realicen horas extraordinarias.

Base de cotización de los trabajadores de retribución diaria

Para determinar la base de cotización de los trabajadores de retribución diaria correspondiente a cada mes es necesario aplicar las siguientes reglas:

a) Se computarán, en forma diaria, las retribuciones computables devengadas en el mes a que se refiere la cotización.

b) A las retribuciones computadas se añadirá la parte proporcional de las gratificaciones extraordinarias establecidas y de aquellos otros conceptos retribuidos cuyo devengo sea superior al mensual periódico o no, pero se satisfagan dentro del año. A tal efecto, su importe anual estimado se dividirá por 365.

Si la cotización que resulte no estuviese comprendida entre la cuantía de la base mínima y de la máxima correspondiente al grupo de cotización del trabajador, se cotizará por la base mínima o máxima, según si el resultado es inferior a aquella o superior a esta.

c) El importe de la base diaria de cotización tendrá que redondearse ajustándolo al múltiplo de 100 más próximo por defecto o por exceso; si dicho importe equidistara de dos múltiplos consecutivos, se aplicará el inferior.

El resultado redondeado se multiplicará por el número de días que comprenda el periodo de cotización de cada mes.

No procederá el redondeo cuando el importe de la base de cotización coincida con el de la base mínima o con el de la base máxima correspondiente.

Contratos de trabajo a tiempo parcial

La cotización a la Seguridad Social se llevará a cabo en función de las retribuciones percibidas según las horas que se hayan trabajado en el mes en que se trate. Para determinar las bases se seguirán estas normas:

a) Para el cálculo de la base de cotización por contingencias comunes se computarán las retribuciones, a las que se sumará la parte proporcional de las pagas extras, de los domingos y festivos. La base obtenida se redondeará a 300.

b) La base de cotización por contingencias profesionales se calculará aplicando las mismas normas anteriores, incluyendo, si las hay, las horas extras.

Tipos de cotización

El tipo de cotización al Régimen General de la Seguridad Social es el porcentaje que, aplicado a la base, da la cuota o importe a ingresar en la Tesorería General de la Seguridad Social.

Documentos de cotización

El ingreso de las cuotas se efectúa por meses vencidos, a través de las entidades bancarias y a favor de la Tesorería General de la Seguridad Social. Los documentos de cotización corresponden a los impresos TC-1 y TC-2. El documento TC-1 refleja el importe total de las cuotas, mientras que el TC-2 refleja la relación de todos los trabajadores de la empresa con sus respectivas bases de cotización.

El ingreso de las cuotas debe ser efectuado por el empresario, puesto que descuenta del salario la cuota del trabajador en el momento del pago de la retribución.

El empresario debe conservar durante cinco años los documentos de cotización, que podrán ser examinados por los trabajadores, directamente o por medio de los delegados de personal.

Tipos de cotización %

Contingencias	Empresa	Trabajadores	Total
Comunes	23,60	4,70	28,30
H. Ext. Fuerza Mayor	12,00	2,00	14,00
Resto H. Extraordinarias	23,60	4,70	28,30

(1) Tipo de contingencias comunes (IT) trabajadores mayores de 65 años edad y 35 años cotizados: 1,70 % (1,42 % la empresa y 0,28 % el trabajador).

Desempleo	Empresa	Trabajadores	Total
Tipo general	6,00	1,55	7,55
C.d.d. tiempo completo	6,70	1,60	8,30
C.d.d. tiempo parcial	7,70	1,60	9,30
C.d.d. (E.T.T.)	7,70	1,60	9,30

C.d.d.: Contrato de duración determinada
E.T.T.: Empresas de Trabajo Temporal

	Empresa	Trabajadores	Total
FOGASA	0,40		0,40

	Empresa	Trabajadores	Total
FORMACIÓN PROFESIONAL	0,60	0,10	0,70

Accidente de trabajo y enfermedad profesional

> Se entiende por accidente de trabajo toda lesión corporal que el trabajador sufre con ocasión o por consecuencia del trabajo ejecutado por cuenta ajena. Con carácter general, se presume, salvo prueba en contrario, que es un accidente de trabajo toda lesión sufrida por el trabajador durante el tiempo y en el lugar de trabajo.

Se entiende por accidente de trabajo toda lesión corporal que el trabajador sufra con ocasión o por consecuencia del trabajo que realiza por cuenta ajena. Esta concepción se formula a través de los siguientes elementos: lesión corporal, trabajo por cuenta ajena y relación de causalidad entre lesión y trabajo.

Lesión corporal

La lesión corporal supone un daño a la persona, pero no tiene que implicar necesariamente un suceso externo violento. El sistema español se sitúa entre los que conciben el accidente en sentido amplio.

De este modo, tienen la consideración de accidentes de trabajo:

— los que sufra el trabajador al ir o al volver del lugar de trabajo;
— los que sufra el trabajador con ocasión o como consecuencia del desempeño de cargos electivos de carácter sindical, así como los ocurri-

dos al ir o al volver del lugar en que se ejerciten las funciones propias de dichos cargos;
— los ocurridos con ocasión o por consecuencia de las tareas que, aun siendo distintas a las de su categoría profesional, ejecute el trabajador en cumplimiento de las órdenes del empresario o espontáneamente en interés del buen funcionamiento de la empresa;
— las enfermedades que contraiga el trabajador con motivo de la realización de su trabajo, siempre que se pruebe que la enfermedad tuvo por causa exclusiva la ejecución del mismo;
— las enfermedades o defectos padecidos con anterioridad por el trabajador que se agraven como consecuencia de la lesión constitutiva del accidente;
— las consecuencias del accidente que resulten modificadas en su naturaleza, duración, gravedad o terminación por enfermedades intercurrentes, que constituyan complicaciones derivadas del proceso patológico determinado por el accidente mismo o tengan su origen en afecciones adquiridas en el nuevo medio en que se haya situado el paciente para su curación.

La lesión corporal no necesariamente debe implicar un suceso externo violento.

Se presumirá, salvo prueba en contrario, que son constitutivas de accidente de trabajo las lesiones que sufra el trabajador durante el tiempo y en el lugar del trabajo.

No obstante lo establecido en los apartados anteriores, no tendrán la consideración de accidente de trabajo:

a) Los que sean debidos a fuerza mayor extraña al trabajo, entendiéndose por esta la que sea de tal naturaleza que no guarde ninguna relación con el trabajo que se ejecutaba al ocurrir el accidente.

b) Los que sean debidos a dolo o a imprudencia temeraria del trabajador accidentado.

No impedirán la calificación de accidente de trabajo:

a) La imprudencia profesional que es consecuencia del ejercicio habitual de un trabajo y se deriva de la confianza que este inspira.

b) La concurrencia de culpabilidad civil o criminal del empresario, de un compañero de trabajo del accidentado o de un tercero, salvo que no guarde relación alguna con el trabajo.

El accidente causado por imprudencia temeraria del trabajador no puede calificarse como accidente laboral.

Como contraposición, la enfermedad común viene constituida por las alteraciones de la salud que no tengan la condición de accidente de trabajo ni de enfermedad profesional, esto es, aquellas que previstas legalmente no se dan en la ejecución del trabajo.

Asimismo, se considerará accidente no laboral el que no tenga el carácter de accidente de trabajo.

Trabajo por cuenta ajena

Para ser considerada accidente de trabajo, la lesión corporal tiene que padecerla un trabajador por cuenta ajena, es decir, aquel trabajador que voluntariamente presta sus servicios retribuidos dentro del ámbito de organización de otra persona, física o jurídica, denominada empleador o empresario. Al margen de lo anterior, debe señalarse que en el Régimen Especial de empleados de hogar no se distingue entre accidente laboral o no laboral, ambos se tratan como laboral.

Relación de causalidad entre lesión y trabajo

Entre la lesión sufrida y el trabajo realizado debe existir una relación especial para que resulte integrado el concepto de accidente de trabajo. Esta conexión es la que expresa la frase con ocasión o por consecuencia.

De acuerdo con el artículo 115.3 de la Ley General de la Seguridad Social, se presume, salvo prueba en contrario, que son constitutivas de accidente de trabajo las lesiones que sufra el trabajador durante el tiempo y en el lugar de trabajo.

Serían accidentes laborales los ocurridos con ocasión o por consecuencia de las tareas que, aun siendo distintas a las de la categoría profesional del trabajador, fueren ejecutadas por el mismo en cumplimiento de las órdenes del empresario o bien espontáneamente en interés del buen funcionamiento de la empresa, así como los acaecidos en actos de salvamento y en otros de naturaleza análoga, cuando unos y otros estén relacionados con el trabajo.

Accidente in itínere («en el camino»)

La creación de esta figura jurídica se la debemos a la jurisprudencia del Tribunal Supremo, ya que tradicionalmente no se consideraba como accidente laboral el sufrido al ir o al venir del trabajo.

El accidente in itínere es el que acontece en el trayecto habitual que el trabajador sigue para su desplazamiento al lugar de trabajo.

El accidente in itínere acontece en el trayecto habitual que el trabajador sigue para su desplazamiento al lugar de trabajo. Una desviación en este camino rompe el nexo de causalidad. El trayecto debe ser el más corto o el más fácil posible desde el domicilio al lugar de trabajo, invirtiendo un plazo de tiempo prudencial. Además, el recorrido no ha de ser interrumpido por un acto particular del trabajador.

No se entiende interrumpido el trayecto si es por causa ajena a la voluntad del trabajador (como la lluvia), por una necesidad imperiosa o por detenerse para tomar algo.

El medio de transporte utilizado ha de ser habitual, ordinario y adecuado; y si es especial, ha de estar autorizado o consentido por la empresa. No es un accidente laboral si el trabajador utiliza un medio distinto del acordado o establecido por la empresa.

Es importante señalar que el carácter de accidente laboral no se presume nunca en el accidente in itínere, sino que deben probarse todas las circunstancias concurrentes.

Enfermedad profesional

Se entenderá por enfermedad profesional la contraída a consecuencia del trabajo ejecutado por cuenta ajena en determinadas actividades y provocada por la acción de determinados elementos o sustancias fijados legalmente.

La lista o cuadro de enfermedades profesionales está contenida en el Decreto 1995/1978, de 12 de mayo, que las agrupa en seis grupos o tipos de enfermedades profesionales:

— enfermedades producidas por agentes químicos;
— enfermedades de la piel producidas por sustancias no comprendidas en otros apartados;
— enfermedades por inhalación de sustancias no comprendidas en otros apartados;
— enfermedades infecciosas y parasitarias;
— enfermedades producidas por agentes físicos;
— enfermedades sistemáticas.

La lista no es cerrada, puesto que la Ley General de la Seguridad Social prevé que se puedan añadir nuevas enfermedades profesionales mediante un procedimiento que comprenderá el informe del Ministerio de Sanidad y Consumo.

En el trabajo por cuenta propia de los Regímenes Especiales agrario, autónomos y de trabajadores del mar, se entenderá como enfermedad profesional la contraída como consecuencia directa e inmediata del trabajo que se realiza y que determina la inclusión en el Régimen Especial.

Notificación del accidente de trabajo y de la enfermedad profesional

En los accidentes laborales que provoquen baja médica y conlleven la ausencia del trabajador del lugar de trabajo por lo menos un día, el empresario deberá cumplimentar el correspondiente parte de accidente.

En aquellos accidentes laborales que conlleven la ausencia del accidentado del lugar de trabajo por lo menos un día, el empresario deberá cumplimentar el correspondiente parte de accidente, siempre y cuando haya provocado baja médica.

Dicho documento será remitido por el empresario (o trabajador por cuenta propia) a la entidad gestora o colaboradora que tenga a su cargo la protección por accidente de trabajo en el plazo máximo de cinco días hábiles, contados desde la fecha en que se produjo el accidente o desde la fecha de baja médica.

Los accidentes de trabajo que no hayan provocado baja médica se comunicarán mensualmente, a través del formulario oficial preceptivo, dentro de los cinco primeros días hábiles del mes siguiente al que se refieren los datos.

Los accidentes laborales graves o muy graves o los ocurridos en el centro de trabajo que afecten a más de cuatro trabajadores obligarán al empresario a cumplimentar el parte de accidente y a comunicarlo, en el plazo máximo de veinticuatro horas, por telegrama u otro medio de comunicación análogo a la autoridad laboral de la provincia donde haya ocurrido el accidente, la cual lo remitirá a la Inspección de Trabajo a fin de que indague la forma en que ha ocurrido el accidente, las causas del mismo y las circunstancias que en él concurran.

Por otra parte, en caso de enfermedad profesional, la empresa, dentro de los tres días siguientes a la fecha en que se haya producido el diagnóstico de la enfermedad, deberá remitir dos copias del parte de enfermedad profesional al INSS o a la mutua de accidentes de trabajo, entregando una al trabajador y conservando la cuarta.

Particularidades en materia de prestaciones en el accidente de trabajo

De acuerdo con el artículo 125.3 de la Ley General de la Seguridad Social, los trabajadores comprendidos en el Régimen General se considerarán, de pleno derecho, en situación de alta a efectos de accidentes de trabajo y enfermedades profesionales.

De este modo, la entidad gestora o la mutua de accidentes de trabajo, en el caso de que el empresario no haya afiliado, ni dado de alta, ni cotizado por el trabajador, tendrá que anticipar la protección correspondiente al trabajador, sin hacerle correr con los riesgos del incumplimiento empresarial, no obstante, no dispensa al empresario de sus responsabilidades, el cual deberá cumplir frente a la entidad gestora.

Para tener derecho a las prestaciones derivadas de accidente de trabajo o enfermedad profesional no se exige un periodo mínimo de cotización.

No se exigen periodos mínimos de cotización para tener derecho a estas prestaciones. Por lo tanto, no se requiere ningún periodo previo de cotización, a diferencia de la incapacidad temporal originada por enfermedad común o accidente no laboral, que requerirá un periodo mínimo de cotización de 180 días dentro de los cinco años inmediatamente anteriores a la baja médica.

Cuantía de las prestaciones

La cuantía de estas prestaciones se determinará en función de la totalidad de las bases por las que se haya efectuado la cotización durante los periodos que se señalen. Tales bases serán de aplicación, asimismo, a las demás prestaciones económicas cuya cuantía se calcule en función de bases reguladoras.

La cotización adicional por horas extraordinarias no será computable a efectos de determinar la base reguladora de las prestaciones.

En todo caso, la base reguladora de cada prestación no podrá rebasar el tope máximo que, a efectos de bases de cotización, se prevé en el artículo 110, que será el establecido, para cada año, en la correspondiente Ley de Presupuestos Generales del Estado.

Las faltas de seguridad e higiene en el trabajo incrementan las prestaciones económicas derivadas de accidente de trabajo o enfermedad profesional.

Todas las prestaciones económicas derivadas de accidente de trabajo o enfermedad profesional se aumentan, según la gravedad de la falta, de un 30 a un 50 %, cuando la lesión se produce por faltas de medidas de seguridad e higiene en el trabajo. Este recargo recae directamente sobre el empresario infractor.

En el supuesto de que la incapacidad temporal derive de enfermedad profesional o accidente laboral, la base reguladora del subsidio será la media diaria de la base por la cual se cotizó el mes anterior a la baja más la media de lo que se cotizó por horas extraordinarias en los doce meses anteriores.

La asistencia sanitaria

La asistencia sanitaria se presta de la manera más completa y la dispensación de las prestaciones farmacéuticas es gratuita, sin participación del beneficiario en el coste de los medicamentos.

De hecho, la asistencia sanitaria constituye la prestación más directa e inmediata recibida por el trabajador. Su finalidad consiste en restablecer la salud y la capacidad laboral del accidentado.

Un aspecto que debe destacarse en cuanto a las prestaciones farmacéuticas derivadas de contingencias profesionales es su total gratuidad para el accidentado. Se reconoce y se presta tan pronto como ocurre el siniestro, prolongándose durante el tiempo que el estado del accidentado lo requiera.

Asimismo, y tal como se indicó anteriormente, la asistencia sanitaria ha de prestarse aunque el aseguramiento sea defectuoso o el empresario se encuentre al descubierto en el pago de las cuotas a la Seguridad Social, sin perjuicio de repercutir en su contra el coste de la asistencia sanitaria dispensada.

Prestación económica de incapacidad laboral derivada de accidente o enfermedad laboral

Se abona desde el nacimiento del derecho (desde el día siguiente a la baja en el trabajo) el 75 % de la base reguladora, no existiendo (como en el caso de la enfermedad común o en el de accidente no laboral) 17 días al 60 %. No hay abono de 12 días de la prestación a cargo del empresario.

Lesiones permanentes no invalidantes

Se consideran lesiones permanentes no invalidantes aquellas mutilaciones, deformaciones o lesiones orgánicas que sean definitivas e irreversibles y hayan sido causadas por accidentes de trabajo o enfermedades profesionales que, sin constituir una incapacidad permanente, suponen una merma o limitación en la integridad física de la persona.

A los trabajadores que sufran lesiones por accidentes o enfermedades profesionales que, sin llegar a constituir incapacidad permanente, supongan una disminución de su integridad física, se les concederá una indemnización.

En estos casos, se concede una prestación consistente en una indemnización a tanto alzado, que se percibirá de una sola vez y que la Seguridad Social reconoce a los trabajadores que sufran lesiones, mutilaciones y deformidades causadas por accidentes de trabajo o enfermedades profesionales, que, sin llegar a constituir incapacidad permanente, supongan una disminución de la integridad física del trabajador, siempre que aparezcan recogidas en el baremo establecido al efecto.

La indemnización por una lesión permanente que no sea invalidante será una cantidad a tanto alzado, que estará fijada en el propio baremo que recoja la lesión y que se percibirá de una sola vez.

Las cuantías de las indemnizaciones por baremo de las lesiones, mutilaciones y deformidades de carácter definitivo y no invalidantes, causadas por accidentes de trabajo o enfermedades profesionales, reguladas en el artículo 150 del texto refundido de la Ley General de la Seguridad Social, aprobado por Real Decreto Legislativo 1/1994, de 20 de junio, quedan fijadas en los importes que se determinan en el anexo de la Orden TAS/1040/2005, de 18 de abril, por la que se actualizan las cantidades a tanto alzado de las indemnizaciones por lesiones, mutilaciones y deformidades de carácter definitivo y no invalidantes.

Las cantidades tasadas en el baremo de lesiones no invalidantes se aumentarán, según la gravedad de la infracción, de un 30 a un 50 % cuando la lesión se haya producido a causa de la desobediencia de las medidas generales o particulares de seguridad e higiene en el trabajo o bien del descuido de las normas elementales de salubridad o adecuación personal a cada trabajador, habida cuenta de las características y la edad, sexo y demás condiciones del trabajador. En este caso, la responsabilidad del pago del recargo recaerá directamente sobre la empresa infractora y no podrá ser objeto de seguro alguno.

El derecho al reconocimiento de las prestaciones prescribirá a los cinco años naturales y el derecho a percibir las prestaciones a tanto alzado y por una sola vez caducará al año natural, a contar desde el día siguiente de haber sido notificada su concesión al interesado.

Si como consecuencia de un accidente de trabajo o enfermedad profesional se produjeran lesiones, mutilaciones o deformidades totalmente independientes de las que hayan sido consideradas lesiones permanentes no invalidantes —para la declaración de una invalidez permanente y el consiguiente grado de incapacidad—, las indemnizaciones que, con arreglo al baremo que haya sido fijado por las disposiciones legales oportunas, correspondan por las referidas lesiones serán compatibles con las prestaciones económicas a que una invalidez permanente dé derecho.

Esta prestación está incluida dentro de la acción protectora del Régimen General de la Seguridad Social y de los Regímenes Especiales agrario, de trabajadores del mar, de trabajadores autónomos y de la minería del carbón.

Acción protectora de la Seguridad Social

> Las prestaciones son un conjunto de medidas que pone en funcionamiento la Seguridad Social para prever, reparar o superar determinadas situaciones de infortunio o estados de necesidad concretos, que suelen originar una pérdida de ingresos o un exceso de gastos en las personas que los sufren. Las prestaciones, en su mayoría, son de carácter económico.

La delimitación del campo protector de la Seguridad Social y su alcance es la razón última de la existencia del sistema.

La acción protectora de la Seguridad Social es el conjunto de beneficios que los sujetos protegidos por esta pueden obtener con cargo a los fondos de la misma.

Contingencias cubiertas

Según el artículo 38 de la LGSS, la acción protectora del Sistema de Seguridad Social comprende:

a) La asistencia sanitaria en los casos de maternidad, enfermedad común o profesional y accidentes, sean o no de trabajo.

b) Las prestaciones económicas en las situaciones de incapacidad temporal, maternidad, riesgo durante el embarazo, invalidez (en sus modalidades contributiva y no contributiva), jubilación (en sus modalidades contributiva y no contributiva), desempleo (en sus niveles contributivo y asistencial), muerte y supervivencia.

c) Las prestaciones familiares de la Seguridad Social, en sus modalidades contributiva y no contributiva.

d) Las prestaciones de servicios sociales que puedan establecerse en materia de reeducación y rehabilitación de inválidos y de asistencia a la tercera edad.

La acción protectora anteriormente descrita establece y limita el ámbito de extensión posible del Régimen General y de los Especiales de la Seguridad Social, así como también de la modalidad no contributiva de las prestaciones.

Cualquier prestación de carácter público que tenga por finalidad complementar, ampliar o modificar las prestaciones económicas de la Seguridad Social, en su modalidad contributiva, forma parte del Sistema de Seguridad Social.

Concepto y clases de prestaciones

En un sentido amplio, por prestaciones de la Seguridad Social cabe entender «un conjunto de medidas técnicas o económicas que pone en funcionamiento la Seguridad Social para prever, reparar o superar los estados de necesidad derivados de la actualización de ciertas contingencias». En su mayoría económicas, las prestaciones son las siguientes:

— asistencia sanitaria;
— incapacidad temporal;
— riesgo durante el embarazo;
— maternidad;
— incapacidad permanente;
— lesiones permanentes no invalidantes;
— jubilación;
— muerte y supervivencia: auxilio por defunción, pensión de viudedad, pensión de orfandad, pensión en favor de familiares, subsidio en favor

de familiares, indemnización especial a tanto alzado en los supuestos de accidente de trabajo y enfermedad profesional;
— prestaciones familiares: prestación económica por hijo a cargo, prestación económica por nacimiento de tercer o sucesivos hijos, prestación económica por parto múltiple;
— prestaciones por desempleo;
— prestaciones del Seguro Obligatorio de Vejez e Invalidez (SOVI): vejez SOVI, invalidez SOVI, viudedad SOVI;
— prestaciones del Seguro Escolar.

Incompatibilidad de las pensiones entre sí

Las pensiones del Régimen General son incompatibles entre sí cuando coinciden en un mismo beneficiario.

Las pensiones de la Seguridad Social son incompatibles entre sí cuando coinciden en un mismo beneficiario, a no ser que expresamente se disponga lo contrario, legal o reglamentariamente. En caso de incompatibilidad, quien pudiera tener derecho a dos o más pensiones optará por una de ellas.

La incompatibilidad se da sólo entre las pensiones, por lo que serían compatibles, por ejemplo, la indemnización por lesiones permanentes no invalidantes con las prestaciones de incapacidad permanente derivadas de accidente de trabajo, si tales lesiones son independientes de las que fueron tomadas en consideración para declarar la incapacidad permanente. También serán compatibles la indemnización de 24 mensualidades concedida por una incapacidad permanente parcial y la pensión reconocida posteriormente, y por causa distinta, de incapacidad permanente total.

Se exceptúa del principio de incompatibilidad la pensión de viudedad.

Las pensiones son incompatibles si se conceden ambas por el Régimen General o si tienen su origen en un mismo Régimen Especial, por lo que no hay incompatibilidad alguna entre pensiones otorgadas por distintos regímenes, una por el general y otra por uno especial, o ambas por distintos Regímenes Especiales.

El régimen de incompatibilidades descrito rige desde el día 1 de enero de 1967, por lo que las pensiones otorgadas con anterioridad a esa fecha son compatibles con otras pensiones también anteriores a esa fecha o a otra posterior.

La incompatibilidad no rige entre pensiones otorgadas por distintos regímenes.

Se exceptúa del principio de incompatibilidad de pensiones la pensión de viudedad, que será compatible con la pensión de jubilación o incapacidad permanente a que se pueda tener derecho.

Régimen de incompatibilidades entre las diversas prestaciones y el trabajo

También se ha establecido un régimen de incompatibilidades entre las diversas prestaciones y el desempeño de un puesto de trabajo. Los casos más habituales son los siguientes:

a) El disfrute de la pensión de jubilación ordinaria es incompatible con la realización de trabajos por cuenta ajena o propia o con la realización de actividades para cualesquiera de las Administraciones Públicas que den lugar a su inclusión en el Régimen General.

b) La pensión de jubilación parcial será compatible con el trabajo a tiempo parcial en la empresa y, en su caso, con otros trabajos a tiempo parcial anteriores a la situación de jubilación parcial, siempre que no se aumente la duración de su jornada. En caso de aumentarse la jornada, la pensión de jubilación parcial se suspende. Asimismo, la pensión de jubilación parcial será compatible con los trabajos a tiempo parcial concertados con posterioridad a la situación de jubilación parcial, cuando se haya cesado en los trabajos que se venían desempeñando con anterioridad en otras empresas, siempre que no se aumente la duración de la jornada realizada hasta entonces.

En caso de aumentarse la jornada, la pensión de jubilación parcial se suspende.

c) La pensión de jubilación flexible será incompatible con las pensiones de incapacidad permanente que pudieran corresponder por la actividad desarrollada, con posterioridad al reconocimiento de la pensión de jubilación, cualquiera que sea el régimen en que se causen aquellas.

d) La pensión de incapacidad permanente parcial es compatible con el desarrollo de cualquier actividad laboral, tanto por cuenta propia como por cuenta ajena, y con cualquier trabajo que se viniera desarrollando.

e) La pensión de incapacidad permanente total es compatible con la realización de cualquier trabajo por cuenta ajena o propia en la misma empresa o en otra distinta, si bien el pensionista debe comunicar a la entidad gestora dicha circunstancia.

Si se realizan trabajos susceptibles de ser incluidos en algún régimen de Seguridad Social, existe obligación de cursar la correspondiente alta y cotizar. Es incompatible con el desempeño del mismo puesto en la empresa.

f) La pensión de incapacidad permanente absoluta no impedirá el ejercicio de aquellas actividades, sean o no lucrativas, compatibles con el estado del inválido y que no representen un cambio en su capacidad de trabajo a efectos de revisión.

g) La pensión de gran invalidez no impedirá el ejercicio de aquellas actividades, sean o no lucrativas, compatibles con el estado del inválido y que no representen un cambio en su capacidad de trabajo a efectos de revisión.

h) La pensión de viudedad es compatible con cualquier renta de trabajo del beneficiario y con la pensión de jubilación o incapacidad permanente a que el mismo tuviera derecho.

En los casos en que se haya mantenido el percibo de la pensión de viudedad, aunque se haya contraído nuevo matrimonio, por cumplir los requisitos exigidos, la nueva pensión de viudedad que pudiese generarse como consecuencia del fallecimiento del nuevo cónyuge será incompatible con la pensión o pensiones de viudedad que venía percibiendo, debiendo optar por una de ellas.

i) La pensión en favor de familiares es compatible con las pensiones de viudedad y orfandad causadas por el mismo sujeto.

j) La prestación y el subsidio de desempleo son incompatibles con el trabajo por cuenta propia, aunque su realización no implique la inclusión obligatoria en alguno de los regímenes de la Seguridad Social, y con el trabajo por cuenta ajena, excepto cuando este se realice a tiempo parcial, en cuyo caso se deducirá del importe de la prestación o subsidio la parte proporcional al tiempo trabajado.

Limitación de la cuantía inicial de las pensiones contributivas

En el primer capítulo tuvimos ocasión de referirnos a los diversos niveles de protección que integraban el Sistema de Seguridad Social. A tal efecto diferenciamos el nivel contributivo, el nivel asistencial o no contributivo y el nivel complementario o voluntario.

La particular naturaleza de las prestaciones contributivas (las prestaciones contributivas son proporcionales a las cotizaciones, mientras que las prestaciones no contributivas son de cuantía uniforme) ha llevado al legislador a establecer un límite en el importe inicial de las pensiones por cada beneficiario.

Las pensiones contributivas derivadas de contingencias comunes de cualquiera de los Regímenes que integran el Sistema de Seguridad Social serán satisfechas en catorce pagas, correspondientes a cada uno de los meses del año y dos pagas extraordinarias que se devengarán en los meses de junio y noviembre.

Asimismo, el pago de las pensiones de invalidez y jubilación, en sus modalidades no contributivas, se fraccionará en catorce pagas, correspondientes a cada uno de los meses del año y dos pagas extraordinarias que se devengarán en los meses de junio y noviembre.

Revalorización y actualización de las pensiones

Las pensiones de la Seguridad Social en su modalidad contributiva serán revalorizadas al comienzo de cada año, en función del correspondiente índice de precios al consumo previsto para dicho año. Por su parte, las pensiones no contributivas serán actualizadas anualmente en la correspondiente Ley de Presupuestos Generales del Estado, al menos, en el mismo porcentaje que dicha Ley establezca como incremento general de las pensiones contributivas de la Seguridad Social.

Las pensiones de incapacidad permanente, jubilación, viudedad, orfandad y en favor de familiares del Sistema de Seguridad Social en su modalidad contributiva, causadas con anterioridad al día 1 de enero de 2005 y no concurrentes con otras, se revalorizarán un 2 %.

El importe de la pensión, una vez revalorizada, estará limitado a la cantidad de 2.159,12 euros, entendiendo esta cantidad referida al importe de una mensualidad ordinaria, sin perjuicio de las pagas extraordinarias que pudieran corresponder. Dicho límite mensual será objeto de adecuación en aquellos supuestos en que el pensionista tenga derecho o no a percibir 14 pagas al año, comprendidas, en uno u otro caso, las pagas extraordinarias, a efectos de que la cuantía no supere o pueda alcanzar, respectivamente, 30.227,68 euros, en cómputo anual.

Las pensiones que excedan de 2.159,12 euros mensuales no se revalorizarán.

Caducidad y prescripción

Caducidad de las pensiones

El derecho a percibir prestaciones a tanto alzado caduca al año desde la notificación de su concesión.

La caducidad es la pérdida de un derecho reconocido. Según el artículo 44 de la Ley General de la Seguridad Social, el derecho al percibo de las prestaciones a tanto alzado y por una sola vez caduca al año, a contar desde el día siguiente de haber sido notificada en forma al interesado su concesión.

El derecho a percibir cada una de las mensualidades, por lo que se refiere a las prestaciones periódicas, caduca al año de su respectivo vencimiento.

Prescripción del derecho al reconocimiento de las prestaciones de la Seguridad Social

La prescripción de un derecho es la pérdida del derecho a su reconocimiento.

Según el artículo 43 de la Ley General de la Seguridad Social, el derecho al reconocimiento de las prestaciones prescribe a los cinco años, contados desde el día siguiente a aquel en que tenga lugar el hecho causante, y ello sin perjuicio de las excepciones que puedan determinarse legalmente y de que los efectos del reconocimiento se produzcan a partir de los tres meses anteriores a la fecha en que se presente la solicitud.

Son imprescriptibles las pensiones de jubilación, las prestaciones por muerte y supervivencia, excepto el auxilio por defunción.

Se consideran imprescriptibles la pensión de jubilación y las prestaciones por muerte y supervivencia, con excepción del auxilio por defunción.

Incapacidad temporal

La prestación económica por incapacidad temporal trata de cubrir la falta de ingresos que se produce cuando el trabajador, debido a una enfermedad o accidente, está imposibilitado temporalmente para trabajar y precisa asistencia sanitaria de la Seguridad Social. Las causas que pueden provocar esta incapacidad son:

— enfermedad común o profesional;
— accidente, sea o no de trabajo;
— periodos de observación por enfermedad profesional en los que se prescribe la baja del trabajo.

La incapacidad temporal es aquella situación en la que se encuentran los trabajadores aquejados de una enfermedad o que hayan sufrido un accidente, mientras reciban asistencia sanitaria de la Seguridad Social.

Incapacidad temporal es aquella situación en la que el trabajador, por enfermedad o accidente, está imposibilitado temporalmente para el trabajo y precisa asistencia sanitaria.

Se consideran situaciones determinantes de incapacidad temporal las producidas por enfermedad común o profesional, o accidente, laboral o no, mientras el trabajador recibe asistencia sanitaria de la Seguridad Social y no puede trabajar, con una duración máxima de doce meses, prorrogables por seis más; así como los periodos de observación por enfermedad profesional, con una duración máxima de seis meses, prorrogables seis más.

El trabajador debe estar absolutamente impedido para el trabajo, por lo que no percibirá ningún salario y, en consecuencia, las prestaciones sustitutivas serán incompatibles.

Al ser la causa de la incapacidad una alteración de la salud, la exigencia de recibir asistencia sanitaria implica que aquella está en proceso curativo, si bien la intensidad y condicionamiento de la alteración pueden ser controlables ya que cabe trabajar y percibir asistencia sanitaria si la dolencia es leve o no incapacitante. La incapacidad debe tener carácter transitorio y naturaleza temporal en el sentido de que está sometida a un límite máximo de tiempo, transcurrido el cual se pasa a contingencia distinta (invalidez provisional o permanente) según las lesiones incapacitantes, sean o no susceptibles de curación o mejoría.

Beneficiarios

Serán beneficiarios del subsidio por incapacidad temporal los trabajadores que cumplan los siguientes requisitos:

— estar afiliados a la Seguridad Social y en situación de alta;
— estar impedidos para el trabajo por enfermedad o accidente;
— tener cubierto un periodo mínimo de cotización; si la incapacidad se origina por una enfermedad común, el periodo deberá ser de 180 días dentro de los cinco años inmediatamente anteriores a la fecha en que se produzca la baja; si deriva de enfermedad profesional o accidente (laboral o no), no se exige.

Cuando se trate de *trabajadores contratados a tiempo parcial*, se computarán exclusivamente las cotizaciones efectuadas en función de las horas trabajadas, tanto ordinarias como complementarias, calculando su equivalencia en días teóricos de cotización:

— el número de horas efectivamente trabajadas se dividirá por 5, equivalente diario del cómputo de 1.826 horas anuales;
— el periodo de cinco años, dentro del que han de estar comprendidos los 180 días, se incrementará en la misma proporción en que se reduz-

ca la jornada efectivamente realizada respecto a la jornada habitual en la actividad correspondiente;
— la fracción de día, en su caso, se asimilará a día completo.

La cuantía de la prestación consiste en un subsidio calculado sobre la base de cotización por riesgos comunes del mes anterior a la baja.

Los periodos de incapacidad temporal, riesgo durante el embarazo o descanso por maternidad, durante los que perviva el contrato a tiempo parcial, así como los de percepción de la prestación por desempleo determinados por la suspensión o extinción de una relación laboral de ese tipo, tendrán la misma consideración que el periodo precedente a la baja médica, al descanso, a la suspensión o a la extinción del contrato respectivamente.

El cómputo de los *periodos que legalmente se asimilan a cotizados*, que sucedan a periodos trabajados a tiempo parcial, se llevará a cabo de forma idéntica a la utilizada en relación con el último periodo trabajado.

Cuando se realice simultáneamente más de una actividad a tiempo parcial, se sumarán los días teóricos de cotización acreditados en las distintas actividades, tanto en las situaciones de pluriempleo como en las de pluriactividad en las que deba aplicarse el cómputo recíproco.

En ningún caso, podrá computarse un número de días cotizados superior al que correspondería de haberse realizado la prestación de servicios a tiempo completo.

Base reguladora

La base reguladora diaria de la prestación será el resultado de dividir las sumas de las bases de cotización acreditadas en la empresa durante los tres meses inmediatamente anteriores a la fecha del hecho causante entre el número de días efectivamente trabajados y, por tanto, cotizados en dicho periodo. La prestación económica que corresponda se abonará durante los días contratados como de trabajo efectivo en los que el trabajador permanezca en situación de incapacidad temporal.

Asimismo, a efectos de determinar la base reguladora de las pensiones derivadas de un accidente de trabajo o de una enfermedad profesional, la suma de los complementos salariales percibidos por el interesado en el año anterior al del hecho causante se dividirá entre el número de horas efectivamente trabajadas en ese periodo. El resultado así obtenido se multiplicará por la cifra que resulte de aplicar a 1.826 el coeficiente de proporcionalidad existente entre la jornada habitual de la actividad de que se trate y la que se recoja en el contrato.

Prestación económica

La cuantía de la prestación económica consiste en un subsidio que se habrá calculado sobre la base de cotización por riesgos comunes del mes anterior a la baja, y es diferente según cuál sea el hecho causante.

Prestaciones por enfermedad común o accidente no laboral

En caso de enfermedad común o accidente no laboral, el derecho nace el cuarto día desde la baja en el trabajo.

Desde el día 4 de la baja hasta el día 20, un subsidio diario equivalente al 60 % de la base reguladora de este periodo, a partir del día 16, corre a cargo del INSS. El empresario tiene la obligación de pagar al trabajador la prestación desde el día 4 hasta el 15.

A partir del día 21, el subsidio equivaldrá al 75 % de la base reguladora.

¿En qué consiste la prestación por incapacidad temporal y cuándo nace el derecho a percibirla?

La prestación consiste en un subsidio cuyo importe se determina aplicando unos porcentajes a una base reguladora que será:

— si la incapacidad deriva de enfermedad común o accidente no laboral: la mediana diaria de la cotización del mes anterior a la baja en el trabajo;
— si la incapacidad deriva de enfermedad profesional o bien de accidente laboral: la mediana diaria de la base por la cual se cotizó el mes anterior a la baja más la mediana de lo que se cotizó por horas extraordinarias en los 12 meses anteriores.

Prestaciones por enfermedad profesional y accidente de trabajo

El derecho al subsidio nace, en los casos de accidentes o enfermedades profesionales, el día siguiente al de la baja.

Desde el día siguiente al accidente o desde el día siguiente al de la baja, corresponde un subsidio equivalente al 75% de la base reguladora (el empresario ha de pagar el sueldo íntegro el día de la baja). La prestación puede aumentar entre un 30 y un 50%, a cargo del empresario cuando la lesión se produzca por falta de medidas de seguridad e higiene en el trabajo.

¿Cuáles son los trámites para solicitar el subsidio?

En los supuestos de pago directo por el INSS, los trabajadores han de dirigir a este organismo una solicitud con la documentación siguiente:

— su documento nacional de identidad y número de identificación fiscal;
— el comunicado médico de baja y, en su caso, el comunicado de accidente de trabajo o enfermedad profesional;
— un certificado de la empresa relativo a las cotizaciones del trabajador en los últimos seis meses.

Cuando sean las empresas o las mutuas las que abonen el subsidio, el trabajador ha de presentar en su empresa la documentación relativa a su situación de incapacidad.

Nacimiento y duración del derecho al subsidio

Nacimiento del derecho al subsidio

En caso de enfermedad común o accidente no laboral, desde el cuarto día de la fecha de baja en el trabajo.

En caso de accidente de trabajo o enfermedad profesional, desde el día siguiente al de la baja en el trabajo, corriendo a cargo del empresario el salario íntegro correspondiente al día de la baja.

> **¿Cuándo se inicia la prestación de incapacidad temporal?**
>
> a) Por enfermedad común o accidente no laboral, desde el cuarto día de la baja.
> b) Por accidente de trabajo o enfermedad profesional, desde el día siguiente al de la baja.

El derecho al subsidio no nace durante las situaciones de huelga o cierre patronal.

Duración del subsidio

Si la incapacidad temporal es por enfermedad o accidente, la duración del subsidio es de doce meses, prorrogables por seis más, cuando se presuma que, durante ellos, el trabajador pueda ser dado de alta médica por curación. Al cabo de tres meses puede calificarse como inválido permanente.

En los periodos de observación por enfermedad profesional, con baja en el trabajo, la duración máxima del subsidio es de seis meses, prorrogables por seis más, cuando se estime necesario para el estudio y diagnóstico de la enfermedad.

La duración del subsidio es de doce meses, prorrogables por seis más.

A efectos del periodo máximo de duración y de su posible prórroga, se computarán los de recaída y observación.

Denegación, anulación y suspensión

Puede hacerse en los siguientes casos:

— cuando el beneficiario actúe de manera fraudulenta para obtener o conservar el subsidio;
— cuando la incapacidad sea por imprudencia del beneficiario, no observe las prescripciones o abandone el tratamiento médico;
— cuando el beneficiario trabaje por cuenta propia o ajena.

Extinción del derecho

La normativa prevé la extinción del derecho al subsidio por incapacidad temporal si concurre alguna de las siguientes circunstancias:

— por el transcurso del plazo máximo establecido para la situación de incapacidad temporal de que se trate;
— por alta médica del trabajador, con o sin declaración de incapacidad permanente;
— por haber sido reconocido al beneficiario el derecho a percibir la pensión de jubilación;

¿Quién abona el subsidio?

El Instituto Nacional de la Seguridad Social (INSS) hará efectivo el pago de las siguientes maneras:

a) A través de las empresas en las que presten sus servicios los trabajadores incapacitados (posteriormente, el empresario recupera las cantidades abonadas, excepto las correspondientes a los días comprendidos entre el 4.º y el 15.º de la baja por riesgos comunes, que descontará en los boletines de cotización).

b) A través del Instituto Nacional de Ocupación (INEM), cuando el beneficiario esté recibiendo la prestación por desempleo.

c) Directamente, los incapacitados que:

— trabajen en empresas con menos de 10 trabajadores, que lleven más de seis meses abonando el subsidio (siempre que estas lo acrediten);
— pertenezcan a entidades u organismos excluidos del pago de esta prestación o a empresas que incumplan esta obligación; o bien continúen en situación de incapacidad temporal cuando su relación laboral se extinga;
— estén en el periodo de prórroga de efectos de la prestación de incapacidad temporal y continúen en esta situación una vez extinguida la prestación por desempleo.

Las empresas colaboradoras y las mutuas de accidentes de trabajo y enfermedades profesionales, si se trata de riesgos asegurados por ellas.

— por incomparecencia injustificada del beneficiario a cualquiera de las convocatorias para los exámenes y reconocimientos establecidos por los médicos adscritos al Instituto Nacional de la Seguridad Social o a la mutua de accidentes de trabajo y enfermedades profesionales de la Seguridad Social;
— por fallecimiento.

Pago del subsidio de incapacidad temporal

El abono de esta prestación va por cuenta del INSS (o bien la mutua patronal en caso de accidente laboral y enfermedad profesional).

Las empresas tienen la obligación del pago delegado en virtud de su colaboración obligatoria con la Seguridad Social.

La maternidad

> La prestación económica por maternidad consiste en un subsidio que se reconoce a los trabajadores, sea cual sea su sexo, que disfruten de los periodos de descanso laboral legalmente establecidos en los supuestos de maternidad, adopción y acogimiento.
> Esta prestación, que trata de cubrir la pérdida de rentas del trabajo o de ingresos que sufren los trabajadores por cuenta ajena o por cuenta propia cuando se suspende su contrato o se interrumpe su actividad por las causas indicadas, está incluida dentro de la acción protectora de todos los regímenes del sistema.

Situaciones protegidas

La incorporación de la mujer al mundo laboral hace necesario configurar un sistema que contemple un nuevo modo de cooperación entre mujeres y hombres que permita un reparto equilibrado de responsabilidades en la vida profesional y en la privada.

La necesidad de conciliación del trabajo y la familia plantea una compleja y difícil problemática que aborda la Ley 39/1999, de 5 de noviembre, con una importante reforma legislativa que sigue las directrices marcadas por la normativa internacional y comunitaria. Esta ley introduce cambios legislativos en el ámbito de la vida familiar, dando un nuevo paso hacia la igualdad de oportunidades entre hombres y mujeres, tratando, además, de guardar un equilibrio para favorecer los permisos por maternidad y paternidad, sin que ello afecte negativamente a las posibilidades de acceso al empleo, las condiciones de trabajo y el acceso a puestos de especial responsabilidad de las mujeres, al mismo tiempo que facilita que los hombres puedan ser copartícipes del cuidado de sus hijos desde el mismo momento del nacimiento o de su incorporación a la familia.

Posteriormente, la Ley 52/2003, de 10 de diciembre, de disposiciones específicas en materia de Seguridad Social ha introducido diversas modificaciones en el texto refundido de la Ley General de la Seguridad Social, de 1994, reordenando la regulación de las prestaciones familiares de la Seguridad Social. En la nueva ordenación se configuran como prestaciones de naturaleza no contributiva todas las prestaciones familiares de la Seguridad Social, excepto la consideración como periodo de cotización efectiva del primer año de excedencia, con reserva de puesto de trabajo, que los trabajadores disfruten por razón del cuidado de cada hijo nacido o adoptado, o de un menor en los supuestos de acogimiento bien permanente o bien preadoptivo. Además, se amplía esta prestación a los supuestos de excedencia para cuidado de otros familiares.

Asimismo, se prevé la extensión de las prestaciones familiares a tanto alzado a los supuestos de adopción.

Por otro lado, se han introducido diversos beneficios en materia de Seguridad Social para las familias numerosas, tales como el incremento del límite de renta para tener derecho a las asignaciones económicas por hijo o menor acogido a cargo y la ampliación del periodo de reserva del puesto de trabajo y su consiguiente consideración como periodo de cotización efectiva en supuestos de excedencia por cuidado de menores.

En nuestro marco normativo, se consideran situaciones protegidas:

a) La maternidad biológica, incluidos los alumbramientos que tengan lugar tras más de 180 días de vida fetal, con independencia de que el feto nazca vivo o muerto.

b) La adopción y el acogimiento familiar, tanto preadoptivo como permanente, de:

— menores de 6 años;
— mayores de 6 años pero menores de 18, discapacitados o minusválidos físicos, psíquicos o sensoriales, o que, por sus circunstancias y expe-

> **Requisitos que han de concurrir en los beneficiarios de prestaciones de maternidad**
>
> — Estar afiliados y en alta o en situación asimilada de alta.
> — Tener cubierto un periodo de cotización de 180 días dentro de los cinco años inmediatamente anteriores a la fecha del parto o al inicio del descanso.
> — A los trabajadores a tiempo parcial se les computarán exclusivamente las cotizaciones efectuadas en función de las horas trabajadas.

riencias personales o por provenir del extranjero, tengan especiales dificultades de inserción social o familiar, debidamente acreditadas por los servicios sociales correspondientes.

A estos efectos, se entiende que el adoptado o acogido presenta alguna discapacidad, cuando acredite una minusvalía en un grado igual o superior al 33 %.

Se consideran jurídicamente equiparables a la adopción y acogimiento preadoptivo o permanente aquellas instituciones jurídicas declaradas por resoluciones judiciales o administrativas extranjeras cuya finalidad y efectos jurídicos sean los previstos para la adopción y acogimiento preadoptivo o permanente, cualquiera que sea su denominación.

Esta prestación, que trata de cubrir la pérdida de rentas del trabajo o de ingresos que sufren los trabajadores por cuenta ajena o por cuenta propia cuando se suspende su contrato o se interrumpe su actividad por las causas indicadas, está incluida dentro de la acción protectora de todos los regímenes del sistema.

Duración del descanso laboral con reserva del puesto de trabajo

En caso de maternidad

La duración del descanso laboral con reserva del puesto de trabajo será de 16 semanas ininterrumpidas, salvo en los casos de parto prematuro o en aquellos en que el neonato deba permanecer hospitalizado después del parto, ampliables en dos semanas más por cada hijo, a partir del segundo, si se trata de un parto múltiple. Dicho periodo podrá disfrutarse en régimen de jornada completa o a tiempo parcial.

La interesada puede optar por distribuir el periodo de descanso por maternidad, siempre que seis semanas sean inmediatamente posteriores al parto. Durante estas seis semanas, la madre no podrá disfrutar del permiso por maternidad a tiempo parcial, ya que se consideran de descanso obligatorio.

En los casos de fallecimiento del hijo y de alumbramientos que tengan lugar tras más de 180 días de vida fetal, con independencia de que el feto nazca vivo o muerto, la beneficiaria tendrá derecho a la prestación durante los días que falten para completar el periodo obligatorio de seis semanas posteriores al parto, si estas no se hubieran agotado. En estos casos, quedará sin efecto la opción ejercida, en su caso, por la madre en favor del padre.

En los casos de parto prematuro y en aquellos en que, por cualquier otra causa, el neonato deba permanecer hospitalizado a continuación del parto, el periodo de descanso podrá computarse, a instancias de la madre o, en su defecto, del padre, a partir de la fecha del alta hospitalaria, excluyéndose de dicho cómputo las seis semanas inmediatamente posteriores al parto.

En caso de fallecimiento de la madre durante el parto o con posterioridad a este, el otro progenitor tendrá derecho a la prestación por todo el periodo de descanso o por la parte que quedara por disfrutar.

Finalmente, en el caso de que el padre y la madre trabajen, la madre podrá optar, al iniciarse el periodo de descanso y sin perjuicio de las seis semanas inmediatas posteriores al parto, por que el padre disfrute de una parte determinada e ininterrumpida del periodo de descanso posterior al parto, bien de forma simultánea o sucesiva con el de la madre, salvo que, en el momento de su efectividad, la incorporación al trabajo de la madre suponga riesgo para su salud.

Cuando el periodo de descanso se disfrute de forma simultánea o sucesiva por el padre y por la madre y uno de ellos decida la reincorporación al trabajo con anterioridad al cumplimiento del plazo máximo de duración, la parte que restase para completar dicho plazo máximo incremen-

> **¿Cuándo se inicia la prestación de maternidad?**
>
> — Antes del parto, si se necesita comenzar el periodo de descanso.
> — Desde el día del parto o de la fecha de la resolución judicial de adopción o de la decisión administrativa o judicial de acogimiento.

tará la duración del subsidio del otro beneficiario. La madre no podrá reincorporarse, en caso de parto, hasta que hayan transcurrido las seis semanas de descanso obligatorio posteriores a aquel.

Si, una vez iniciado el efectivo disfrute por el padre, este falleciera antes de haberlo completado, la madre podrá hacer uso de la parte del periodo de descanso que restara hasta alcanzar la duración máxima, incluso aunque ya se hubiera reincorporado al trabajo con anterioridad.

En todo caso, la suma de los periodos de descanso no podrá exceder de las 16 semanas o de las que correspondan en caso de parto múltiple.

En caso de adopción o acogimiento

La duración de la prestación también es de 16 semanas ininterrumpidas, ampliables en dos semanas más por cada hijo o menor, a partir del segundo, si se trata de una adopción o acogimiento múltiple, respectivamente.

En el supuesto de que la madre y el padre trabajen, estos podrán optar por disfrutar el periodo de descanso de forma simultánea o sucesiva, siempre que se trate de periodos ininterrumpidos y con los límites de duración establecidos.

Beneficiarios

Son beneficiarios los trabajadores por cuenta ajena, incluidos los trabajadores contratados para la formación y a tiempo parcial, sea cual su sexo, que disfruten de los periodos de descanso por maternidad, adopción y acogimiento familiar, preadoptivo o permanente.

A efectos del subsidio especial por parto, adopción o acogimiento múltiples, son beneficiarios quienes lo sean, a su vez, de la prestación económica por maternidad, si bien aquel únicamente podrá percibirse por uno de los progenitores que, en caso de parto, será determinado a opción de la madre y, en caso de adopción o acogimiento, será decidido libremente por ambos.

Cuando el periodo de descanso sea disfrutado, simultánea o sucesivamente, por la madre y el padre, ambos tendrán la condición de beneficiarios, siempre que reúnan de forma independiente los requisitos exigidos.

En caso de fallecimiento de la madre durante el parto o con posterioridad, el otro progenitor tendrá derecho a la prestación, siempre que acredite los requisitos exigidos y aun cuando la madre no hubiera estado incluida en el Sistema de Seguridad Social.

Asimismo, son beneficiarios del subsidio por maternidad los trabajadores por cuenta ajena, cualquiera que sea su sexo, que disfruten de descansos referidos en el epígrafe anterior, siempre que acrediten un periodo mínimo de cotización de 180 días en los cinco años inmediatamente anteriores al parto o a las fechas de la decisión administrativa o judicial de acogimiento o de la resolución administrativa de adopción.

Prestación económica

La prestación económica por maternidad consiste en un subsidio equivalente al 100 % de la base reguladora correspondiente, la cual será equivalente a la establecida para la prestación de incapacidad temporal derivada de contingencias comunes.

En caso de parto múltiple y de adopción o acogimiento de más de un menor, realizados de forma simultánea, se concederá un subsidio especial por cada hijo, a partir del segundo, igual al que corresponda percibir por el primero, durante el periodo de seis semanas inmediatamente posteriores al parto o, cuando se trate de adopción o acogimiento, a partir de la decisión administrativa o judicial de acogimiento o de la resolución judicial por la que se constituya la adopción.

Para el cálculo del subsidio por maternidad, la base reguladora será equivalente a la que esté establecida para la prestación de incapacidad temporal, derivada de contingencias comunes, tomando como referencia la fecha de inicio del periodo de descanso.

No obstante, durante el disfrute de los periodos de descanso en régimen de jornada a tiempo parcial, la base reguladora del subsidio se reducirá en proporción inversa a la reducción que haya experimentado la jornada laboral.

Nacimiento del derecho

En caso de maternidad, el derecho nace desde el mismo día de la fecha del parto o del inicio del descanso, de ser esta fecha anterior. Ante el fallecimiento de la madre, la efectividad del derecho a esta prestación para el padre comenzará desde la fecha del inicio de la suspensión laboral. Si la madre opta por que el padre disfrute de hasta diez semanas, la efectividad del derecho al subsidio se inicia desde la fecha del comienzo del descanso del padre, que coincidirá con la elegida al ejercitar la opción.

En los casos de adopción y acogimiento, tanto preadoptivo como permanente, el derecho nace a partir de la fecha de la resolución judicial de adopción o de la decisión administrativa o judicial de acogimiento, si bien el percibo de la prestación podrá iniciarse a partir del día siguiente al de la recepción por el interesado del correspondiente documento y estará condicionado al disfrute efectivo del permiso.

En los supuestos de adopción internacional, cuando sea necesario el desplazamiento previo de los padres al país de origen del adoptado, podrá iniciarse el subsidio hasta cuatro semanas antes de la resolución por la que se constituya la adopción.

Pérdida o suspensión del derecho al subsidio por maternidad

El derecho al subsidio por maternidad puede ser denegado, anulado o suspendido cuando el beneficiario actúe fraudulentamente para obtener o conservar la prestación, cuando trabaje durante los periodos de descanso correspondientes y si no se aporta la documentación pertinente para considerar constituida la adopción, si ha transcurrido el periodo de cuatro semanas en que adelantó el disfrute de la prestación en los casos de adopción internacional.

El descanso por maternidad es un derecho irrenunciable, con independencia del estado civil y filiación del hijo, del tipo de contratación, del tiempo que lleven contratados quienes lo ejerciten y del tipo de trabajo que desarrollen.

Asistencia sanitaria de la Seguridad Social

> La asistencia sanitaria de la Seguridad Social tiene por objeto la prestación de los servicios médicos y farmacéuticos necesarios para conservar o restablecer la salud de sus beneficiarios, así como su aptitud para el trabajo. También proporciona los servicios convenientes para completar las prestaciones médicas y farmacéuticas, atendiendo, de forma especial, a la rehabilitación física necesaria para lograr una completa recuperación profesional del trabajador.

La asistencia sanitaria comprende la asistencia médica, sus prestaciones complementarias y la asistencia farmacéutica.

La asistencia sanitaria del Régimen General de la Seguridad Social tiene por objeto la prestación de los servicios médicos y farmacéuticos propios para conservar o restablecer la salud de sus beneficiarios, así como su aptitud para el trabajo, atendiendo especialmente a la rehabilitación física necesaria para la recuperación de los trabajadores.

Beneficiarios

La Ley General de Sanidad universaliza esta prestación considerando como titulares del derecho a la protección de la salud y a la atención sanitaria a:

— todos los españoles y extranjeros residentes en territorio nacional;
— los españoles residentes en el extranjero de acuerdo con las leyes y convenios internacionales.

La asistencia sanitaria se presta al titular y a sus beneficiarios en el supuesto de enfermedad común o accidente no laboral. De este modo, son beneficiarios de la asistencia sanitaria por causa de contingencia común:

— todos los trabajadores afiliados y en alta en la Seguridad Social;
— los pensionistas y perceptores de prestaciones periódicas de la Seguridad Social, incluidos los perceptores de la prestación o subsidio de desempleo;
— los trabajadores incluidos en el Régimen General de la Seguridad Social que hayan sido despedidos durante el tiempo en que tengan pendiente demanda por despido nulo o improcedente ante la jurisdicción social;
— los familiares o asimilados de los beneficiarios anteriores, es decir, aquellas personas (cónyuges, ascendientes, descendientes o hermanos, tanto del titular del derecho como de su cónyuge) que convivan con el titular del derecho, siempre que no tengan derecho a la asistencia sanitaria por otro concepto y no realicen trabajo remunerado alguno;
— los menores en acogimiento legal y adopción;
— los separados o divorciados y sus descendientes que, a efectos de la separación o el divorcio, figuren como beneficiarios en la cartilla de asistencia sanitaria de su cónyuge y perciban del titular del derecho una pensión compensatoria declarada judicialmente.
— la persona y los hijos de quien, sin ser cónyuge, convive maritalmente con el titular del derecho;
— los minusválidos afectados de minusvalía en grado igual o superior al 33 % que no tengan derecho por cualquier otro título a la asistencia sanitaria de la Seguridad Social;
— los trabajadores declarados en situación de incapacidad permanente sin derecho a pensión;
— los trabajadores incorporados a filas y los objetores de conciencia;
— las personas sin recursos económicos, con rentas iguales o inferiores en cómputo anual al Indicador Público de Renta de Efectos Múltiples (IPREM);

— los trabajadores emigrantes a países extranjeros, en régimen de asistencia prestada por parte de la Dirección General de Ordenación de Migraciones;
— los empleados de organismos internacionales en territorio nacional;
— los trabajadores que causen baja en la Seguridad Social, siempre que hayan permanecido en alta un tiempo mínimo de 90 días durante los 365 días naturales inmediatamente anteriores a la baja.

En esta situación, tanto los trabajadores como sus beneficiarios conservan el derecho a que se inicie la prestación de asistencia sanitaria durante un periodo de 90 días naturales, contados desde el día en que se haya producido la baja inclusive. Iniciada la asistencia sanitaria en este momento posterior a la baja en la Seguridad Social, su duración no puede exceder de 39 semanas para el trabajador y 26 semanas para los beneficiarios.

Sin embargo, si la asistencia sanitaria se inicia antes de producirse la baja, su duración, aunque se prolongue más allá de la baja, puede ser de 52 semanas para el trabajador y 39 para los beneficiarios.

Nacimiento del derecho a la prestación

La efectividad del derecho se produce, tanto para el titular como para sus familiares o asimilados beneficiarios, a partir del día siguiente al de la presentación del alta en el régimen correspondiente y se conserva, no obstante, sin solución de continuidad, cuando al cambiar de empresa no hayan transcurrido más de cinco días entre la baja y la comunicación de su alta en la nueva empresa.

¿Qué trámites se deben realizar para tener derecho a la asistencia sanitaria?

El titular del derecho, en el momento en que solicita la afiliación y alta o la solicitud de pensión u otra prestación periódica de la Seguridad Social, puede formalizar el documento de reconocimiento de asistencia sanitaria para los beneficiarios en las correspondientes oficinas de la Seguridad Social.

> **¿Dónde se tramita la tarjeta sanitaria?**
>
> Con el documento de reconocimiento del derecho a la asistencia sanitaria, puede solicitarse la tarjeta sanitaria en el centro de salud que corresponda. El centro de salud tramitará la emisión de la tarjeta sanitaria individual para el titular y para cada uno de sus beneficiarios, y la enviará a su domicilio.

Contenido de la asistencia sanitaria

La asistencia sanitaria comprende la asistencia médica, sus prestaciones complementarias y la asistencia farmacéutica. Las prestaciones varían en función de la contingencia determinante. En los casos de enfermedad común, accidente no laboral o maternidad, las prestaciones sanitarias comprenden las modalidades que se explican a continuación.

Prestaciones médicas

Las prestaciones médicas comprenden los servicios de medicina general, internamiento quirúrgico y medicina de urgencia, así como el tratamiento y la estancia en centros sanitarios. Todos estos servicios son gratuitos para los beneficiarios. No obstante, para la prestación de la asistencia médica, el INSALUD ha de expedir, a todas las personas que tengan acreditado el derecho a la asistencia sanitaria, una tarjeta sanitaria individual.

La prestación médica puede otorgarse como asistencia primaria, atención especializada y servicios de urgencia hospitalaria.

La asistencia primaria

La asistencia primaria comprende las siguientes prestaciones:

— asistencia en consultas, servicios y centros de salud, así como en el domicilio del enfermo;

- prescripción y realización de pruebas y medios diagnósticos básicos;
- actividades en materia de educación sanitaria, exámenes de salud, vacunaciones y otras actividades programadas para la prevención de enfermedades, la promoción de la salud o la rehabilitación;
- tratamientos parentales, curas y cirugía menor.

Además, se incluyen las prestaciones que se concretan a continuación:

- atención a la mujer: atención precoz y seguimiento del embarazo, preparación para el parto, visita durante el primer mes del postparto, detección de grupos de riesgo y diagnóstico precoz del cáncer ginecológico y de mama, y complicaciones patológicas de la menopausia;
- atención a la infancia (hasta los 14 años cumplidos): información y educación de los interesados, padres, tutores, educadores o cuidadores, vacunaciones y revisiones del niño sano;
- atención al adulto y anciano: vacunaciones y detección de factores de riesgo, educación y asistencia a enfermos crónicos, atención a los problemas de salud de la tercera edad y atención domiciliaria a pacientes inmovilizados y terminales;
- atención de urgencia a las personas de cualquier edad, en régimen ambulatorio o en el domicilio del paciente;
- atención a la salud bucodental: educación en materia de higiene y salud bucodental, medidas preventivas para la población infantil, tratamientos agudos odontológicos, incluidas extracciones dentales, y exploración preventiva para embarazadas;
- otros servicios y prestaciones: aplicación y reposición de sondajes vesicales y nasogástricos, remisión o derivación de los pacientes a la asistencia especializada por indicación del médico de atención primaria y tratamientos de rehabilitación básicos, previa indicación médica.

La atención especializada

Una vez superadas las posibilidades de diagnóstico y tratamiento de la atención primaria, cabe el seguimiento de una atención especializada, que comprenderá las siguientes modalidades:

- asistencia ambulatoria especializada en consultas, que incluye la realización de procedimientos quirúrgicos menores;
- asistencia ambulatoria en «hospitales de día», en los casos en que se precisen cuidados continuados médicos y de enfermería; incluye cirugía mayor sin hospitalización;
- asistencia especializada en régimen de hospitalización, que incluye asistencia médica, quirúrgica, obstétrica y pediátrica para procesos agudos, reagudización de procesos crónicos o realización de tratamientos o procedimientos diagnósticos que así lo aconsejen;
- atención de la salud mental y asistencia psiquiátrica, que incluye diagnóstico y seguimiento clínico, psicofarmacoterapia y psicoterapias individuales, de grupo o familiares, y, en su caso, hospitalización;
- atención y servicios de urgencia hospitalaria, que se prestará durante las 24 horas del día a pacientes no ingresados que padezcan un proceso que requiera una atención inmediata del hospital; comprende diagnóstico, primeros cuidados y tratamientos necesarios;
- otros servicios y prestaciones son: diagnóstico y tratamiento de la infertilidad, diagnóstico prenatal en grupos de riesgo, diagnósticos por imagen, planificación familiar, radiología y radioterapia, y trasplantes.

El acceso a la asistencia especializada se realizará:

- en el ambulatorio, por indicación del médico de atención primaria;
- en régimen de hospitalización, por indicación del médico especialista o a través de los servicios de urgencia, cuando el paciente necesite previsiblemente cuidados especiales y continuados, no susceptibles de ser prestados de forma ambulatoria o domiciliaria;
- en los servicios hospitalarios de referencia, por indicación de los demás servicios especializados.

Las urgencias hospitalarias

La atención y los servicios de urgencia hospitalaria se prestan a través del médico de atención primaria o especialista, o por razones de urgencia. Puede accederse a ellos las 24 horas del día.

Prestaciones complementarias

Suponen un elemento adicional y necesario de la asistencia sanitaria. Se consideran prestaciones sanitarias complementarias:

— la prestación ortoprotésica: la Seguridad Social, que facilita las prótesis quirúrgicas fijas y las ortopédicas permanentes o temporales, así como su oportuna renovación y los vehículos para aquellos inválidos cuya invalidez así lo aconseje;
— las ortesis y prótesis especiales, entre las cuales se incluyen audífonos y moldes de audífonos para niños de hasta 16 años afectados de hipocausia bilateral;
— el transporte sanitario, que comprende el transporte de enfermos o accidentados, evaluado por el facultativo, cuando concurra una situación de urgencia;
— la oxigenoterapia a domicilio;
— los tratamientos dietoterápicos complejos.

Asistencia farmacéutica

Las prestaciones farmacéuticas se extienden a todo tipo de medicamentos.

Las prestaciones farmacéuticas se extienden a todo tipo de medicamentos, con determinadas excepciones legales, y se dispensan de forma gratuita para los tratamientos que se realicen en instituciones sanitarias de la Seguridad Social, los dispensados a pensionistas de la Seguridad Social y a los trabajadores en situación de invalidez provisional derivada de enfermedad común y accidente no laboral.

Prestaciones sanitarias en caso de accidentes de trabajo y enfermedades profesionales

Las prestaciones sanitarias en estos casos tienen el mismo contenido que el derivado de causas no profesionales. Comprenden:

— el tratamiento médico y quirúrgico de las lesiones o dolencias sufridas, así como las técnicas terapéuticas que se consideren precisas;
— el suministro y renovación de los aparatos de prótesis y ortopedia necesarios;
— todas las técnicas de cirugía plástica y reparadora adecuadas.

Las prestaciones farmacéuticas se dispensan de forma gratuita.

Servicios de información y documentación sanitaria

La asistencia sanitaria también comprende la información al paciente y a sus familiares, para la adecuada prestación del consentimiento informado y la utilización del sistema sanitario; la información y, en su caso, la tramitación de los procedimientos administrativos necesarios para garantizar la continuidad del proceso asistencial; la expedición de partes de baja, confirmación y alta para la valoración de la incapacidad; la confección de un informe de alta, al finalizar la estancia en una institución hospitalaria, o el informe de la consulta externa de atención especializada, y la expedición de la documentación o certificación médica de nacimiento, defunción y demás extremos para el Registro Civil, así como la comunicación o entrega, a petición del interesado, de una copia del historial clínico, sin perjuicio de su conservación en el centro sanitario.

Incapacidad permanente.
Modalidad contributiva

> La incapacidad permanente es aquella situación del trabajador en la cual, después de haber estado sometido al tratamiento prescrito, presenta reducciones anatómicas o funcionales graves, susceptibles de determinación objetiva y previsiblemente definidas, que disminuyan o anulen su capacidad laboral.
> Cabe distinguir diversos grados de incapacidad:
>
> — incapacidad permanente parcial;
> — incapacidad permanente total;
> — incapacidad permanente absoluta;
> — gran invalidez.

La incapacidad permanente parcial provoca una disminución en el rendimiento.

Podemos definir como incapacidad permanente aquella situación en la que se encuentra el trabajador que, después de haber estado sometido al tratamiento prescrito y después de que haya sido dado de alta médicamente, presenta reducciones anatómicas o funcionales graves, susceptibles de determinación objetiva y previsiblemente definitivas que disminuyen o anulen su capacidad para el trabajo.

También se encontrará en una situación de incapacidad permanente aquella persona que tenga posibilidades de recuperación, si estas son inciertas desde el punto de vista médico o a largo plazo. Sería el supuesto de un trabajador que, una vez agotado el periodo de incapacidad transitoria, se prevé su mejoría o recuperación total. En este caso, la relación laboral quedará en suspenso, con reserva del puesto de trabajo durante dos años a contar desde la fecha de resolución de la invalidez.

La misma consideración tendrá la situación de incapacidad que se prolongue tras la extinción de la incapacidad temporal por el transcurso del término máximo que se haya señalado para esta prestación (hasta 18 meses, excepto que se demore, a causa de la situación clínica del interesado, la calificación de incapacidad permanente —hasta 30 meses—, supuesto en el cual no se accederá a la situación de incapacidad permanente hasta que no se produzca la calificación correspondiente). De este modo, un trabajador que, habiendo agotado el periodo máximo de incapacidad transitoria, requiera la continuación de asistencia sanitaria y siga imposibilitado para reanudar su trabajo, y en el caso de que se prevea que la invalidez va a tener carácter definitivo, se encontrará en situación de incapacidad permanente.

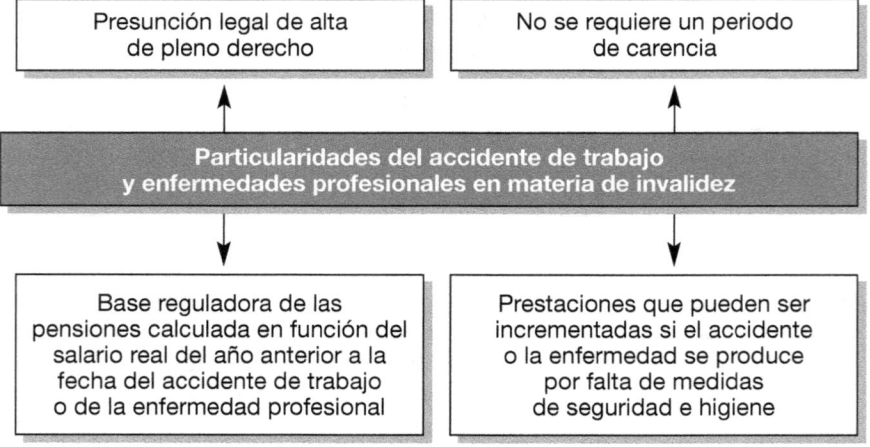

Grados de incapacidad

La calificación de incapacidad permanente en los distintos grados que estipula la normativa se determina siempre en función del porcentaje de reducción de la capacidad de trabajo que la misma cause.

A efectos de la determinación del grado de incapacidad, se tiene en cuenta la incidencia de la reducción de la capacidad de trabajo en el desarrollo de la profesión que ejercía el interesado o del grupo profesional en que aquella estaba encuadrada antes de producirse el hecho causante de la incapacidad permanente.

De este modo, la invalidez permanente se clasifica con arreglo a los siguientes grados:

— incapacidad permanente parcial para la profesión habitual: sin alcanzar el grado de total, ocasiona al trabajador una disminución que se considera no inferior al 33 % en su rendimiento normal para dicha profesión, sin impedirle la realización de las tareas fundamentales de la misma;
— incapacidad permanente total para la profesión habitual: inhabilita al trabajador para la realización de todas o de las fundamentales tareas de dicha profesión, siempre que pueda dedicarse a otra distinta;
— incapacidad permanente absoluta para cualquier trabajo: inhabilita por completo al trabajador para toda profesión u oficio;
— gran invalidez: es la situación del trabajador afectado de incapacidad permanente y que, por consecuencia de pérdidas anatómicas o funcionales, necesita la asistencia de otra persona para los actos más esenciales de la vida, tales como, por ejemplo, vestirse, desplazarse, comer o análogos.

Cada uno de estos grados en que se clasifica la incapacidad permanente dará derecho, en su caso, a la correspondiente prestación económica por incapacidad permanente.

En este marco, se entiende por profesión habitual, en caso de accidente, sea o no de trabajo, la desempeñada normalmente por el trabajador en el momento de sufrirlo, y, en caso de enfermedad común o profesional, aquella a la que el trabajador dedicaba su actividad fundamental durante el periodo de tiempo, anterior a la iniciación de la incapacidad, que reglamentariamente se determine.

La calificación de estos diferentes grados de invalidez corresponde al INSS a propuesta de las Comisiones Provinciales de Evaluación de Incapacidades.

Incapacidad permanente parcial para la profesión habitual

Se entenderá por incapacidad permanente parcial para la profesión habitual la que, sin ser total, ocasione al trabajador una disminución superior al 33 % en su rendimiento normal para dicha profesión sin impedirle la realización de sus tareas.

No obsta para su calificación que exista una posibilidad de recuperación de la capacidad, siempre y cuando dicha posibilidad se estime médicamente cierta o a largo plazo.

Tendrán derecho a la prestación por incapacidad permanente parcial para la profesión habitual quienes estén afiliados a la Seguridad Social, tengan menos de 65 años en la fecha del hecho causante y/o no reúnan los requisitos exigidos para acceder a la pensión de jubilación contributiva del sistema, si la incapacidad deriva de contingencias comunes, y se encuentren dados de alta o en situación asimilada al alta en el momento del hecho causante.

Cuando la incapacidad se derive de accidente de trabajo o enfermedad profesional, los trabajadores se considerarán de pleno derecho afiliados y en alta, aunque el empresario haya incumplido sus obligaciones.

En el caso de que el origen de la incapacidad permanente sea una enfermedad no profesional, es requisito esencial haber cubierto un periodo mínimo de cotización de 1.800 días en los diez años inmediatamente anteriores a la fecha en la que se haya extinguido la incapacidad laboral transitoria de la que se derive la incapacidad permanente. No se exige un periodo previo de cotización cuando la incapacidad permanente se derive de accidente, laboral o no, o de enfermedad profesional. De este modo, en las situaciones de invalidez derivadas de las contingencias comunes, se exige el requisito del alta o situación asimilada, mientras que, respecto a las incapacidades derivadas de contingencias profesionales, se aplica la consideración de alta de pleno derecho automáticamente.

Hecho causante

Si la incapacidad permanente surge tras haberse extinguido la incapacidad temporal de la que deriva, bien por agotamiento del plazo, bien por alta médica con propuesta de incapacidad permanente, el hecho causante se entiende producido en la fecha de la extinción de la incapacidad temporal.

Si la incapacidad permanente no está precedida de incapacidad temporal o esta no se ha extinguido, el hecho causante se entiende producido en la fecha de emisión del dictamen-propuesta del Equipo de Valoración de Incapacidades (EVI).

Cuantía de la prestación

La prestación consiste en una indemnización a tanto alzado, que equivale a 24 mensualidades de la base reguladora que sirvió para el cálculo del subsidio de incapacidad temporal del que se deriva la incapacidad permanente. La prestación se abonará en un pago único.

En los supuestos en que no existiera incapacidad temporal previa, por carecer de tal protección el beneficiario, se tomará como base reguladora la que hubiera correspondido por incapacidad temporal, de haber tenido derecho a dicha prestación.

Compatibilidades

Es compatible con el desarrollo de cualquier actividad laboral, tanto por cuenta ajena como por cuenta propia. Asimismo, es compatible con el mantenimiento del trabajo que se viniera desarrollando.

Reincorporación a la empresa

Los trabajadores en situación de incapacidad permanente parcial pueden reincorporarse a la empresa si esta incapacidad no afecta al rendimiento en el puesto de trabajo que ocupaban.

En el caso de disminución del rendimiento, deberán incorporarse a un puesto de trabajo que puedan desempeñar (cobrando lo mismo) y si ello no es posible, se reducirá el salario como máximo en un 25 % y siempre respetando el IPREM.

Si se recuperan totalmente, tendrán derecho a reincorporarse a su puesto de trabajo (si el que estuvieran realizando fuera de una categoría profesional inferior) siempre que hayan transcurrido más de tres años en dicha situación.

La comunicación del cambio de situación vence en el plazo de un mes a partir de la declaración.

Incapacidad permanente total para la profesión habitual

Se entenderá por incapacidad permanente total para la profesión habitual la que inhabilite al trabajador para la realización de todas o de las fundamentales tareas de dicha profesión, siempre que pueda dedicarse a otra distinta. Dentro de este grado se distingue entre incapacidad permanente total e incapacidad permanente cualificada. La incapacidad permanente total inhabilita por completo al trabajador para la realización de todas o de las fundamentales tareas de dicha profesión, aunque el trabajador puede dedicarse a otra distinta. La incapacidad permanente cualificada se define como la incapacidad permanente total en la que la edad del trabajador (55 años como mínimo), su falta de preparación general o especializada y las circunstancias sociales y laborales del lugar de residencia hacen presumible la dificultad de obtener empleo en alguna actividad distinta de la habitual.

La incapacidad permanente total inhabilita para realizar todas o las más importantes funciones de un trabajo concreto.

Los declarados afectados de incapacidad permanente total para la profesión habitual percibirán una pensión vitalicia que excepcionalmente podrá ser sustituida por una indemnización a tanto alzado cuando el beneficiario sea menor de 60 años.

La prestación económica correspondiente a la incapacidad permanente total consistirá en una pensión vitalicia, del 55 % de la base reguladora, que se incrementará en un 20 % en los supuestos de incapacidad permanente cualificada, es decir, cuando por la edad del trabajador (55 años o más), su falta de preparación general o especializada y las circunstancias sociales y laborales de su lugar de residencia se presuma la dificultad de obtener empleo en alguna actividad distinta de la habitual anterior.

El reconocimiento de este derecho se efectuará cuando el interesado lo solicite; así, si el trabajador obtiene una ocupación, el incremento quedará en suspenso mientras dure esta ocupación, pudiendo el trabajador solicitar la correspondiente pensión de incapacidad permanente una vez finalice su nueva ocupación.

Si el beneficiario por causa de incapacidad permanente total es menor de 60 años, la pensión vitalicia puede ser sustituida por una indemnización a tanto alzado. En este caso, la petición ha de ser formulada por el beneficiario en los tres años siguientes a la fecha de la resolución que reconociera el derecho a la pensión o, si es menor de 21 años, en los tres años siguientes al día en que cumplió esta edad.

Los requisitos necesarios para poder llevar a cabo la sustitución son los siguientes:

— que se prevea que las lesiones determinantes de la incapacidad no son susceptibles de modificación;
— que no se haya producido la declaración de incapacidad permanente total como consecuencia del transcurso del término máximo de duración señalado para la incapacidad provisional;
— que el beneficiario acredite que se encuentra trabajando por cuenta ajena o propia, con inclusión en el Sistema de Seguridad Social, o que el importe de la indemnización se invertirá para crear un puesto de trabajo autónomo.

Al cumplir el beneficiario la edad de 60 años, pasará a percibir la pensión vitalicia, revalorizada con los incrementos que se hayan fijado desde la fecha en que se formuló la petición.

Si muere el beneficiario que ha sustituido la pensión por la indemnización antes de cumplir 60 años, causa derecho a las prestaciones de muerte y supervivencia como si fuera pensionista.

La cuantía de la indemnización equivaldrá al importe de 84 mensualidades de la pensión, siempre que el beneficiario tuviese menos de 54 años de edad en el momento de formular la petición. Si el beneficiario no fuese menor de 54 años, la cuantía de la indemnización será equivalente a un número de mensualidades de la pensión en función de la edad del beneficiario y de acuerdo con escala:

Edad	Número de mensualidades
Menos de 54	84
54	72
55	60
56	48
57	36
58	24
59	12

La base reguladora de la prestación económica (pensión vitalicia e indemnización sustitutoria) varía según la causa:

— en caso de accidente de trabajo o enfermedad profesional, la base reguladora será el cociente que resulte de dividir por 12 el importe del último salario anual que percibió el trabajador;
— en caso de accidente no laboral, la base reguladora será el cociente que resulte de dividir entre 28 la suma de las bases de cotización durante un periodo ininterrumpido de 24 meses, elegidos por los beneficiarios dentro de los siete años anteriores a la fecha en que se cause el derecho a la pensión;
— en caso de enfermedad común, la base reguladora será el cociente que resulte de dividir por 112 las bases de cotización del interesado durante los 96 meses (8 años) anteriores a aquel en que se produzca el hecho causante, de acuerdo con las siguientes normas: las bases correspondientes a los 24 meses anteriores a aquel en que se produzca el hecho causante se computarán por su valor nominal; las restantes bases de cotización se actualizarán de acuerdo con la evolución que haya experimentado el Índice de Precios al Consumo desde los meses a que aquellas correspondan hasta el mes inmediato anterior a aquel en el que se inicie el periodo de bases no actualizables a que se refiere la regla anterior, es decir, hasta los últimos 24 meses anteriores a que se produzca el hecho causante.

Cuando el periodo mínimo de cotización sea inferior a 96 meses (8 años), se tomarán en consideración las bases correspondientes al periodo exigible, se actualizarán las anteriores a los 24 meses y la suma de ellas se dividirá por el número de meses exigibles multiplicado por 1,1666.

En los casos de accidente de trabajo o enfermedad profesional, la prestación se aumentará, según la gravedad de la falta, de un 30 a un 50% cuando la lesión se produzca por máquinas, artefactos o en instalaciones, centros o lugares de trabajo que carezcan de los dispositivos de precaución reglamentarios, los tengan inutilizados o en malas condiciones, o cuando no se hayan observado las medidas de seguridad e higiene en el trabajo, o las elementales de salubridad, o las de adecuación personal a cada trabajo, habida cuenta de sus características y de la edad, sexo y demás condiciones del trabajador. Dicho recargo recae directamente sobre el empresario infractor.

BENEFICIARIOS

Para tener derecho a la prestación por incapacidad permanente total se requiere:

a) Haber sido declarado afectado de una incapacidad permanente total para la profesión habitual.
b) Estar afiliado y en alta, o en situación asimilada al alta, en la Seguridad Social.
c) Tener cubiertos los periodos de cotización siguientes:

— en el caso de que la incapacidad derive de enfermedad común y el trabajador sea menor de 26 años: la mitad del tiempo transcurrido entre la fecha en que cumplió 16 años y la fecha del hecho causante de la pensión;
— si la incapacidad deriva de enfermedad común y el trabajador tiene cumplidos los 26 años: un cuarto de tiempo transcurrido entre la fecha en que haya cumplido los 20 años y la del día en que se hubiese producido el hecho causante, con un mínimo de cinco años de cotización; además, al menos una quinta parte del periodo de cotización deberá estar comprendido dentro de los diez años inmediatamente anteriores a la fecha del hecho causante;

— en el caso de que la incapacidad derive de enfermedad profesional o de accidente, no se exige ningún periodo previo de cotización.

Causas de extinción de la prestación

— Por revisión con resultado de curación;
— por fallecimiento del beneficiario;
— por reconocimiento del derecho a la pensión de jubilación, cuando se opte por esta pensión;
— por revisión de oficio dictada por la entidad gestora en alguno de los casos en que tal actuación esté legalmente permitida y de ella se derive la pérdida del derecho a la pensión.

Extinción del contrato

La incapacidad permanente total es causa de extinción del contrato de trabajo.

No obstante, los trabajadores que hubieran cesado en la empresa por habérseles reconocido una incapacidad permanente total y, después de haber recibido prestaciones de recuperación profesional, hubieran recobrado su plena capacidad laboral, tendrán preferencia absoluta para su readmisión en la última empresa en que trabajaron en la primera vacante que se produzca en su categoría o grupo profesional.

Si tras el tratamiento de recuperación continuaran afectados de una incapacidad permanente parcial, tendrán preferencia absoluta para su readmisión en la primera vacante que se produzca y que resulte adecuada a su capacidad laboral.

Incapacidad permanente absoluta para todo trabajo

Se entenderá por incapacidad permanente absoluta para todo trabajo la que inhabilite por completo para el desarrollo de cualquier profesión u oficio.

Prestación económica y base reguladora

La prestación económica correspondiente a la incapacidad permanente absoluta consiste en una pensión vitalicia del 100 % de la base reguladora.

La base reguladora de la prestación económica variará según cuál sea la causa de la que derive la incapacidad:

— en caso de accidente de trabajo o enfermedad profesional, la base reguladora será el cociente de dividir el importe del último salario anual que percibió el trabajador por 12. Las pensiones se aumentarán, según la gravedad de la falta, de un 30 a un 50 % cuando la lesión se produzca por máquinas, artefactos o en instalaciones, centros o lugares de trabajo que carezcan de los dispositivos de precaución reglamentarios, los tengan inutilizados o en malas condiciones, o cuando no se hayan observado las medidas de seguridad e higiene en el trabajo, o las elementales de salubridad, o las de adecuación personal a cada trabajo, habida cuenta de sus características y de la edad, sexo y demás condiciones del trabajador. Dicho recargo recaerá directamente sobre el empresario infractor;
— en caso de accidente no laboral, cuando el beneficiario se encuentre en alta o situación asimilada, la base reguladora será el cociente de dividir por 28 la suma de las bases de cotización del interesado durante un periodo ininterrumpido de 24 meses, elegidos por los beneficiarios dentro de los siete años anteriores a la fecha en que se cause el derecho a la pensión;
— en caso de enfermedad común o de accidente no laboral y de que el interesado no se encuentre en alta o en situación asimilada, la base reguladora será el cociente de dividir por 112 las bases de cotización del interesado durante los 96 meses (8 años) anteriores a aquel en que se produzca el hecho causante;
  — en caso de que el trabajador, con 65 años o más, acceda a la pensión de incapacidad permanente absoluta, derivada de contingencias comunes, por no reunir los requisitos para causar derecho a la pensión de jubilación, el porcentaje apli-

La incapacidad permanente absoluta inhabilita por completo para trabajar.

cable será el que corresponda al periodo mínimo de cotización que esté establecido, en cada momento, para el acceso a la pensión de jubilación. Actualmente, dicho porcentaje es del 50 %, que se aplicará a la base reguladora correspondiente.

Para el cómputo de dichas bases se tomarán las bases correspondientes a los 24 meses anteriores a aquel en que se produzca el hecho causante. Las restantes bases de cotización se actualizarán de acuerdo con la evolución que haya experimentado el Índice de Precios al Consumo desde los meses a que aquellas correspondan hasta el mes inmediato anterior a aquel en que se inicie el periodo de bases no actualizables.

Cuando el periodo mínimo de cotización sea inferior a 96 meses, se tomarán en consideración las bases correspondientes al periodo exigible, se actualizarán las anteriores a los últimos 24 meses y la suma de todas ellas se dividirá por el número de meses exigibles multiplicado por 1,1666.

Beneficiarios

Para tener derecho a la prestación por incapacidad permanente absoluta se requiere:

a) Haber sido declarado afectado de una incapacidad permanente absoluta para todo trabajo.
b) Estar afiliado a la Seguridad Social. Sin embargo, no es preciso estar en alta o en situación asimilada, si bien, en tal caso, los requisitos varían.
c) Tener cubiertos, como mínimo, los periodos de cotización siguientes:

— si la incapacidad deriva de enfermedad común y el trabajador está en alta y es menor de 26 años: la mitad del tiempo transcurrido entre la fecha en que cumpla 16 años y la del hecho causante;
— si la incapacidad deriva de enfermedad común y el trabajador está en alta y tiene cumplidos los 26 años: un cuarto del tiempo transcurrido entre la fecha en que haya cumplido los 20 años y la del día en que se hubiese producido el hecho causante con un mínimo, en todo caso, de cinco años de cotización; además, una quinta parte del periodo de co-

tización exigido debe estar comprendido dentro de los diez años inmediatamente anteriores a la fecha del hecho causante;
— si la enfermedad deriva de enfermedad profesional o de accidente, ya sea este de trabajo o no, no se exige ningún periodo previo de cotización si el trabajador está de alta en la Seguridad Social al tiempo del hecho causante;
— si la incapacidad deriva de enfermedad común o accidente no laboral y el trabajador no está de alta en la Seguridad Social, o situación asimilada, se exige un periodo mínimo de cotización de 15 años, de los cuales tres al menos han de estar comprendidos en los diez años inmediatamente anteriores a la fecha en que se cause la pensión.

Extinción del contrato y readmisión preferente

La incapacidad permanente absoluta es causa de extinción del contrato de trabajo. No obstante, los trabajadores que hubieran cesado en la empresa por habérseles reconocido una incapacidad permanente absoluta y, después de haber recibido las prestaciones de recuperación profesional, hubieran recobrado la plena capacidad laboral tendrán preferencia absoluta para su readmisión en la última empresa en que trabajaron en la primera vacante que se produzca en su categoría o grupo profesional.

Gran invalidez

Se entenderá por gran invalidez la situación del trabajador afectado de incapacidad permanente que a causa de pérdidas anatómicas o funcionales necesite la asistencia de otra persona para vestirse, desplazarse, comer, etc. Esta situación conlleva, pues, la pérdida de la autonomía vital del individuo, al necesitar este la asistencia de otra persona para la realización de los actos más elementales.

La gran invalidez implica la asistencia de otra persona para vivir.

La prestación económica que corresponde a la gran invalidez consiste en una pensión vitalicia del 100 % de la base reguladora incrementada en un 50 % destinada a que el inválido pueda remunerar a la persona que le atienda. Este incremento puede sustituirse por el alojamiento y cuidado en una institución asistencial adecuada (en régimen de internado, a cargo del INSS o de la mutua patronal).

La base reguladora de la prestación económica por gran invalidez es la misma que en la incapacidad permanente absoluta. Y, al igual que en la incapacidad permanente absoluta, el trabajador puede ser beneficiario de la prestación económica de gran invalidez, incluso sin estar dado de alta en la Seguridad Social, siempre que este afiliado haya sido declarado afectado de tal grado de invalidez y haya cubierto los periodos mínimos de cotización, en idénticos plazos, que para aquella se exigen.

La gran invalidez es causa de extinción del contrato de trabajo. No obstante, los trabajadores que hubieran cesado en la empresa por habérseles reconocido una gran invalidez y, después de haber recibido las prestaciones de recuperación profesional, continuaran afectados de una incapacidad permanente parcial tendrán preferencia absoluta para su readmisión en la última empresa en que trabajaron en la primera vacante que se produzca y que resulte adecuada a su capacidad laboral.

Grados en la incapacidad permanente

— **Parcial para la profesión habitual:** ocasiona una disminución no inferior al 33 % en el rendimiento para dicha profesión.
— **Total para la profesión habitual:** inhabilita al trabajador para su profesión habitual pero puede dedicarse a otra distinta.
— **Absoluta para todo trabajo:** inhabilita al trabajador para toda profesión u oficio.
— **Gran invalidez:** el trabajador, además, necesita la asistencia de otra persona para los actos más esenciales de la vida.

Calificación y revisión de la invalidez

Corresponde al INSS, a través de las Unidades de Valoración, declarar la situación de invalidez permanente.

Por otra parte, el INSS podrá revisar en todo momento la invalidez declarada y su grado, en tanto que el beneficiario no haya cumplido la edad mínima que se ha establecido para percibir la pensión de jubilación.

También podrá instar en todo momento el propio beneficiario las revisiones de su incapacidad, hasta que no haya cumplido la edad mínima establecida para la pensión de jubilación.

Toda resolución, inicial o de revisión, por la que se reconozca el derecho a las prestaciones de invalidez permanente, en cualquiera de sus grados, hará constar necesariamente el plazo a partir del cual se podrá instar la revisión por agravación o mejoría del estado invalidante, en tanto que el incapacitado no haya cumplido la edad mínima para acceder a la pensión de jubilación.

Cuantía de la prestación de incapacidad permanente

Está determinada por la base reguladora y el porcentaje que se aplica según el grado de incapacidad permanente reconocido:

— **incapacidad permanente parcial:** consiste en una indemnización a tanto alzado (24 mensualidades de la base reguladora que sirvió para el cálculo de la incapacidad temporal);
— **incapacidad permanente total:** 55 % de la base reguladora. Se incrementará un 20 % a partir de los 55 años cuando por diversas circunstancias se presuma la dificultad de obtener empleo en actividad distinta a la habitual;
— **incapacidad permanente absoluta:** 100 % de la base reguladora;
— **gran invalidez:** 100 % de la base reguladora incrementado en un 50 % destinado a remunerar a la persona que atiende al gran inválido.

PAGO DE LA PRESTACIÓN

El pago de las prestaciones por incapacidad laboral permanente correrá a cargo:

— del INSS, si se trata de accidente común o de un accidente no laboral;
— del INSS o, en su caso, de la mutua de accidentes de trabajo y enfermedades profesionales, si se trata de accidente de trabajo o de una enfermedad profesional.

El empresario es el responsable de las prestaciones si ha incumplido su obligación de afiliar o dar de alta al trabajador en la Seguridad Social.

Extinción

El derecho a la pensión de invalidez permanente puede extinguirse por las siguientes causas:

— revisión de la incapacidad declarada;
— porque el beneficiario acceda a la pensión de jubilación;
— por fallecimiento del beneficiario.

Denegación, anulación y suspensión

El derecho a las prestaciones económicas por invalidez permanente podrá ser denegado, anulado o suspendido en los siguientes supuestos:

— cuando el beneficiario haya actuado fraudulentamente para obtener o conservar el derecho a las mismas;
— cuando la invalidez permanente sea debida o se haya agravado a consecuencia de imprudencia temeraria del beneficiario;
— cuando la invalidez permanente sea debida o se haya agravado a consecuencia de haber rechazado o abandonado el beneficiario, sin causa razonable, el tratamiento sanitario que le hubiera sido indicado durante las situaciones de incapacidad transitoria o invalidez provisional;
— cuando el beneficiario, sin causa razonable, rechace o abandone los tratamientos o procesos de readaptación y rehabilitación procedentes.

Incapacidad permanente. Modalidad no contributiva

> El Sistema de Seguridad Social universaliza la prestación de invalidez, posibilitando el acceso a la misma de todos los ciudadanos que residan legalmente en España y cumplan los requisitos específicos establecidos para ella.
> Pueden ser constitutivas de invalidez, en su modalidad no contributiva, las deficiencias previsiblemente permanentes de carácter físico o psíquico, congénitas o no, que anulen o modifiquen la capacidad física, psíquica o sensorial de quienes las padecen.

Tal y como se ha expuesto en el primer capítulo, el Sistema de Seguridad Social se estructura en tres niveles de protección: el contributivo, el asistencial y el complementario o libre.

El segundo nivel corresponde al imperativo constitucional que exige a los poderes públicos que mantengan un régimen público de Seguridad Social que garantice la asistencia y las prestaciones sociales suficientes en las situaciones de necesidad.

Beneficiarios

Tendrán derecho a cobrar la pensión de invalidez, en su modalidad no contributiva, todas aquellas personas que cumplan con los siguientes requisitos:

— ser mayores de 18 años y menores de 65;
— residir legalmente en territorio español y haberlo hecho durante cinco años (dos inmediatamente anteriores a la fecha de solicitud);
— estar afectadas de una minusvalía o una enfermedad crónica en un grado igual o superior al 65 %;
— carecer de rentas o ingresos suficientes.

Se presumirá afectada de una minusvalía igual al 65 % a aquella persona a quien le haya sido reconocida en la modalidad contributiva una invalidez permanente, en el grado de incapacidad permanente absoluta para todo trabajo.

Asimismo, se presumirá afectadas de una minusvalía en un 65 % a aquellas personas que, con anterioridad a la entrada en vigor del Real Decreto 357/1991, de 15 de marzo (por el que se desarrolla en materia de pensiones no contributivas la Ley 26/1990, de 20 de diciembre, por la que se establecen en la Seguridad Social prestaciones no contributivas), sean beneficiarias de una pensión asistencial por razón de incapacidad o enfermedad y que soliciten una pensión de invalidez no contributiva.

Se considerará que existen rentas o ingresos insuficientes cuando el cómputo anual sea inferior a la cuantía anual de las pensiones no contributivas de la Seguridad Social que se fije en la Ley de Presupuestos Generales del Estado.

Los límites de acumulación de recursos, cuando el solicitante de la pensión no contributiva convive con otras personas en una misma unidad económica o familiar, serán equivalentes a la cuantía anual de la pensión más el resultado de multiplicar por 70 el porcentaje de dicha cifra por el número de convivientes menos uno.

Cuando la convivencia, dentro de una misma unidad económica, se produzca entre el solicitante y sus descendientes o ascendientes en primer grado, los límites de acumulación de recursos serán equivalentes a dos veces y medio la cuantía que resulte de aplicar lo dispuesto en el párrafo anterior.

En cambio, cuando la convivencia, dentro de una misma unidad económica, se produzca entre el solicitante y sus descendientes o ascendientes consanguíneos o por adopción en primer grado, el límite será equivalente a dos veces y medio la cuantía que resulte de aplicar lo dispuesto en el párrafo anterior.

En este sentido, se consideran rentas o ingresos computables susodicho los bienes y derechos de que disponga anualmente el beneficiario o la unidad económica de convivencia, derivados tanto del trabajo como del capital, así como cualquier otro sustituto de aquellos. Se entenderá por rentas de trabajo las prestaciones reconocidas por cualquiera de los regímenes de previsión social, financiados con cargo a recursos públicos o privados. Asimismo, son ingresos sustitutivos de las rentas de trabajo cualquier otra percepción supletoria de estas, a cargo de fondos públicos o privados.

Como rentas de capital se computará la totalidad de los ingresos que provengan de elementos patrimoniales, tanto de bienes como de derechos, considerándose según sus rendimientos efectivos. De no existir, estos se valorarán conforme a las normas establecidas en el Impuesto sobre la Renta de las Personas Físicas, a excepción de la vivienda habitualmente ocupada.

Asimismo, se computarán las rentas o ingresos de cualquier naturaleza que se tenga derecho a percibir o disfrutar, salvo las asignaciones económicas por hijo a cargo, tenga o no la condición de minusválido en sus distintas modalidades, otorgadas por el sistema de gastos de transporte y previstos en la Ley de Integración Social de los Minusválidos, así como aquellos premios o recompensas otorgados a personas minusválidas en los centros ocupacionales.

Cuantía de la pensión

El importe anual de las pensiones lo fijará la Ley de Presupuestos Generales del Estado. Su pago se fraccionará en catorce pagas correspondientes a cada uno de los meses del año y dos pagas extraordinarias que se percibirán en los meses de junio y noviembre.

Cuando en una misma unidad económica concurra más de un beneficiario con derecho a pensión de esta misma naturaleza, la cuantía de cada una de las pensiones estará determinada en función de las siguientes reglas:

— al importe se le sumará el 70 % de esa cuantía tantas veces como beneficiarios haya en la unidad económica menos uno;

— la cuantía de la pensión para cada uno de los beneficiarios será igual al cociente de dividir el resultado de la suma entre el número de beneficiarios con derecho a pensión;
— de las cuantías resultantes se deducirán, en su caso, las rentas o ingresos anuales computables de que disponga cada beneficiario.

En los supuestos de convivencia del beneficiario en una misma unidad económica con personas no beneficiarias, si la suma de los ingresos o rentas anuales de todos los componentes de la unidad económica superase el límite de acumulación de recursos, la pensión o pensiones se reducirán, para no sobrepasar dicho límite, disminuyéndose por igual cuantía cada una de las pensiones.

Reconocimiento y efectos

El reconocimiento del derecho a la pensión de jubilación o invalidez, en sus modalidades no contributivas, dará lugar a la asistencia sanitaria de la Seguridad Social y a los servicios sociales establecidos en el sistema para las pensiones.

El reconocimiento del derecho a la pensión de jubilación o invalidez no contributiva dará lugar a la asistencia sanitaria de la Seguridad Social y a los servicios sociales establecidos para las pensiones.

A tal efecto, la Tesorería General de la Seguridad Social expedirá, a favor de los beneficiarios de las pensiones no contributivas de la Seguridad Social, el correspondiente documento que sirva para acreditar, en todo el territorio nacional, su condición de pensionistas de la Seguridad Social.

Obligaciones de los beneficiarios

Los perceptores de las pensiones de invalidez y jubilación deben comunicar, en el plazo máximo de 30 días desde la fecha en que se produzca, cualquier variación de su situación de convivencia, estado civil, residencia y recursos económicos propios o ajenos computables por razón de convivencia.

En todo caso, el beneficiario deberá presentar, en el primer trimestre de cada año, una declaración de los ingresos de la unidad económica de la que forma parte, referida al año precedente.

Compatibilidad de las pensiones

Las pensiones de invalidez, en su modalidad no contributiva, no impedirán el ejercicio de aquellas actividades compatibles y que no representen un cambio en su capacidad de trabajo.

En el caso de personas que con anterioridad al inicio de una actividad lucrativa vinieran percibiendo pensión de invalidez en su modalidad no contributiva, durante los cuatro años siguientes al inicio de la actividad, la suma de la cuantía de la pensión de invalidez y de los ingresos obtenidos por la actividad desarrollada no podrá ser superior, en cómputo anual, al importe, también en cómputo anual, del IPREM vigente en cualquier momento.

Jubilación.
Modalidad contributiva

> La jubilación es una prestación de carácter económico incluida dentro de la acción protectora de todos los regímenes del Sistema de Seguridad Social; es única para cada beneficiario y consiste en una pensión vitalicia reconocida al trabajador que, cumpliendo determinados requisitos, llegue a cierta edad y cese en el trabajo o no se vaya a reincorporar al mismo.

La pensión de jubilación es vitalicia. La prestación económica por jubilación, en su modalidad contributiva, es única para cada beneficiario. Consiste en una pensión vitalicia reconocida al trabajador cuando, cumpliendo determinados requisitos, llega a cierta edad, cesa o ha cesado en el trabajo.

Beneficiarios

Para tener derecho a la prestación de jubilación, el trabajador debe estar afiliado a la Seguridad Social.

Los requisitos varían según si el trabajador está en alta o situación asimilada o no está en alta. Así, podemos distinguir los siguientes supuestos:

a) Las personas incluidas en el Régimen General, afiliadas y en alta o en situación asimilada al alta, que reúnan las condiciones de edad, periodo mínimo de cotización y hecho causante que se analizarán en los apartados siguientes.

b) Quienes se encuentren en situación de prórroga de efectos de incapacidad temporal o invalidez provisional, en su caso, y reúnan requisitos de edad y cotización.

c) También puede causarse pensión de jubilación desde la situación de no alta, siempre que se reúnan los requisitos de edad y cotización. Se consideran situaciones asimiladas, a los efectos de jubilación:

— la excedencia forzosa del trabajador;
— el traslado del trabajador a un centro de trabajo fuera del territorio español;
— el cese en la condición de trabajador por cuenta ajena con la suscripción de un convenio especial con la entidad gestora;
— el desempleo involuntario total y subsidiado, incluso en aquellos casos en que la pérdida de la ocupación no es imputable al trabajador y no tiene derecho a las prestaciones;
— el desempleo involuntario que subsista después de haberse agotado las prestaciones por desempleo;
— los periodos de inactividad de los trabajadores de temporada;
— la situación de los trabajadores a los que se reconocen auxilios económicos de carácter periódico por asistencia social;
— los 90 días posteriores a causar baja en la Seguridad Social;
— la situación de incapacidad provisional.

Cuantía de la pensión

La cuantía de la pensión se determina aplicando a la base reguladora el porcentaje que corresponda en función de los años cotizados.

Condiciones de edad

El trabajador afiliado en la Seguridad Social y de alta, o en situación asimilada al alta, podrá acceder a la pensión de jubilación cuando tenga cumplidos 65 años. También existe la posibilidad de jubilación anticipada en determinados casos.

Los trabajadores en alta o en situación asimilada que hubieran estado incluidos en alguna mutualidad laboral de trabajadores por cuenta ajena con anterioridad al día 1 de enero de 1967 podrán jubilarse a partir de los 60 años, sin perjuicio de que para el cálculo de su pensión se apliquen los coeficientes reductores.

La edad mínima a que se refiere el anterior apartado ha sido rebajada en aquellos grupos o actividades profesionales cuyos trabajos sean de naturaleza penosa, tóxica, peligrosa o insalubre y acusen elevados índices de mortalidad, siempre que los trabajadores afectados acrediten el mínimo de actividad establecido. Existe también la posibilidad de jubilarse con menos de 65 años sin aplicar los coeficientes reductores, en determinados supuestos:

a) A partir de los 55 años:

— los profesionales taurinos, en alta o en situación asimilada a la de alta, que reúnan un determinado número de actuaciones;
— los trabajadores ferroviarios, si bien deben cumplir determinados requisitos en orden a cotización y antigüedad en la empresa; la pensión puede verse afectada por coeficientes reductores.

b) A partir de los 60 años:

— los artistas, profesionales taurinos y trabajadores ferroviarios, si bien se les exige un determinado número de actuaciones o un periodo mínimo de actividad;
— los trabajadores que hubieran tenido la condición de mutualistas con anterioridad al día 1 de enero de 1967; la regla general es la aplicación de un coeficiente reductor de la pensión del 8 % por cada año de participación.

c) A partir de los 64 años:

— los trabajadores que sean sustituidos, simultáneamente a su cese total, por otro trabajador.

Periodo mínimo de cotización

El periodo mínimo de cotización exigible para causar derecho a la pensión de jubilación es de 15 años, de los cuales, al menos dos, deberán estar comprendidos dentro de los 15 años inmediatamente anteriores a la fecha en que cesó la obligación de cotizar (en el momento de causar el derecho).

Para acreditar el periodo mínimo de cotización se computan los días correspondientes a las pagas extraordinarias de julio y diciembre, para cuyo cálculo se tendrá en cuenta la reglamentación, ordenanza laboral o convenio colectivo aplicable.

Para causar pensión en el Régimen General y en otro u otros del Sistema de Seguridad Social (entiéndase por Regímenes Especiales de la Seguridad Social), es necesario que las cotizaciones acreditadas en cada uno de ellos se superpongan al menos 15 años.

Cómputo de las bases de cotización

Para la determinación de la base reguladora de la pensión de jubilación, en su modalidad contributiva, no se podrán computar los incrementos de las bases de cotización producidos en los dos últimos años que sean consecuencia de aumentos salariales superiores al incremento medio interanual experimentado en el convenio colectivo aplicable o, en su defecto, en el correspondiente sector.

Son excepciones de esta norma general los incrementos salariales que sean consecuencia de la aplicación estricta de las normas contenidas en disposiciones legales y convenios sobre antigüedad y ascensos reglamentarios de categoría profesional.

Así, el cómputo de las bases de cotización se realizará conforme a las siguientes reglas:

a) Las bases correspondientes a los 24 meses anteriores a aquel en que se produzca el hecho causante se computarán en su valor nominal. No obstante, en los casos en que el último mes en alta o bien en situación de asimilación al alta se cotice íntegro, se computará por entero a efectos de determinar la base reguladora de la pensión de jubilación, aun cuando el hecho causante se hubiera producido con anterioridad a la finalización de dicho mes.

b) Las restantes bases de cotización se actualizarán de acuerdo con la evolución que haya experimentado el Índice de Precios al Consumo (IPC) desde los meses a que aquellas correspondan hasta el mes inmediato anterior a aquel en que se inicie el periodo de bases no actualizables. La actualización de la base de cotización se efectuará multiplicándola por el coeficiente que resulte de dividir el Índice de Precios al Consumo del mes anterior al hecho causante entre el IPC del mismo mes que el de la base que se debe actualizar.

Asimismo, esa misma operación deberá efectuarse con cada una de las otras 71 bases de cotización.

Si en el periodo que ha de tomarse para el cálculo de la base reguladora aparecen meses durante los cuales no ha existido obligación de cotizar, dichas lagunas se integran con la base mínima de entre todas las existentes en cada momento para trabajadores mayores de 18 años.

Actualización de las bases de cotización

Las bases de cotización de los 24 meses inmediatamente anteriores a aquel en que se produzca el hecho causante deben tomarse por su valor nominal.

No obstante, el mes del hecho causante será tenido en cuenta para el cálculo de la base reguladora en el caso de que se den las circunstancias siguientes:

— el hecho causante se produzca el último día del mes;
— el último mes en alta o en situación asimilada al alta se cotice íntegro, aun cuando el hecho causante se hubiera producido con anterioridad a la finalización de dicho mes;
— las demás bases se actualizarán de acuerdo con la evolución del Índice de Precios al Consumo desde los meses a que aquellas correspondan hasta el mes 25, previo al hecho causante, a partir del cual se inicia el periodo de las bases de cotización tomadas en su valor nominal.

Porcentaje

El porcentaje aplicable a la base reguladora para la determinación de la pensión de jubilación se establece en función de los años de cotización del trabajador a la Seguridad Social.

El porcentaje aplicable a la base reguladora para la determinación de la pensión de jubilación se establece en función de los años de cotización del trabajador a la Seguridad Social, aplicándose una escala que parte del 50% a los diez años de cotización, aumentando un 2% cada año cotizado que exceda de los diez primeros, hasta llegar al 100% a los 35 años de cotización.

Escala de porcentajes por años cotizados

Años de cotización	Porcentajes de la base reguladora	Años de cotización	Porcentajes de la base reguladora
A los 15 años	50 %	A los 26 años	82 %
A los 16 años	53 %	A los 27 años	84 %
A los 17 años	56 %	A los 28 años	86 %
A los 18 años	59 %	A los 29 años	88 %
A los 19 años	62 %	A los 30 años	90 %
A los 20 años	65 %	A los 31 años	92 %
A los 21 años	68 %	A los 32 años	94 %
A los 22 años	71 %	A los 33 años	96 %
A los 23 años	74 %	A los 34 años	98 %
A los 24 años	77 %	A los 35 años	100 %
A los 25 años	80 %		

Los años de cotización que deben tenerse en cuenta son los efectuados al Régimen General de la Seguridad Social, a los diferentes Regímenes Especiales de la Seguridad Social, a los antiguos Regímenes del Seguro de Vejez e Invalidez y Mutualismo Laboral, a los Regímenes integrados, incluyéndose los anteriores a la implantación de estos si fueron computables para causar derecho a las prestaciones en ellos previstas, a otras entidades de previsión social que actúen como sustitutorias de las correspondientes al régimen o a los regímenes que estén pendientes de integración y al Régimen de Clases Pasivas del Estado.

Son computables las cotizaciones efectuadas a los anteriores regímenes del SOVI (Seguro Obligatorio de Vejez e Incapacidad) y al Mutualismo Laboral. Asimismo, también son computables las cotizaciones efectuadas en otros regímenes de la Seguridad Social, siempre que no se superpongan con las efectuadas en el Régimen General.

Los años de cotización de los que depende el porcentaje que deberá aplicarse a la base reguladora se obtienen de la siguiente forma:

a) En el caso de que sólo se tengan cotizaciones a partir del día 1 de enero de 1967, se toman los días efectivamente cotizados, teniéndolos en cuenta una sola vez cuando se superpongan en razón de trabajos realizados simultáneamente en más de una empresa. Sin embargo, no se tienen en cuenta los días-cuota, esto es, los días cotizados por las pagas o por las gratificaciones extraordinarias.

b) Si, además, se tienen cotizaciones con anterioridad al día 1 de enero de 1967, habrá que atenerse a las siguientes medidas:

— en primer lugar, se contabilizan todos los días que el trabajador haya cotizado de manera efectiva a partir del día 1 de enero de 1960;
— a continuación, en función del número de días cotizados en dicho periodo, se añade el número de años y días que corresponda, teniendo en cuenta la edad que el trabajador hubiese cumplido el día 1 de enero de 1967 siguiendo la disminución de esta escala.

Casos especiales

Jubilación anticipada a los 64 años

La edad mínima de 65 años que con carácter general se exige en el Sistema de Seguridad Social para causar derecho a la pensión de jubilación se rebaja a los 64 años para los trabajadores por cuenta ajena cuyas empresas los sustituyan, simultáneamente a su cese por jubilación, por otros trabajadores inscritos como demandantes de empleo, mediante contrato que tenga una duración mínima de un año.

En este caso, la base reguladora es el cociente que resulta de dividir por 210 las bases de cotización del interesado durante los 180 meses inmediatamente anteriores a aquel en que se produzca el hecho causante.

Jubilación parcial

Es la situación del trabajador pensionista que simultanea una parte de la jornada de trabajo que venía desarrollando en la empresa con una parte de la pensión de jubilación que le hubiera correspondido al tener 65 años (sin aplicación de coeficientes reductores).

Podrá acceder a la jubilación parcial el trabajador por cuenta ajena que reúna las condiciones precisas para causar pensión de jubilación a excepción de la edad, que no habrá de ser inferior en más de cinco años a la normal exigida, y concierte con su empresa una reducción de su jornada y salario entre un mínimo del 30 % y un máximo del 77 %, mediante un contrato a tiempo parcial, para que aquella cubra la jornada vacante con un trabajador desempleado mediante un contrato de relevo.

Para acceder a la jubilación parcial deberá concertarse con la empresa una reducción de jornada y salario.

De esta manera, los trabajadores pueden alcanzar la jubilación parcial a partir de los 60 años y hasta que cumplan la edad establecida con carácter general para causar derecho a pensión de jubilación, siempre que:

— el trabajador concierte con su empresa un contrato a tiempo parcial por el que reduzca su jornada de trabajo y su salario entre un 30 %, como mínimo, y un 77 %, como máximo;
— la empresa concierte un contrato de relevo con un trabajador en situación de desempleo, quedando obligada a mantener cubierta, como mínimo, la jornada de trabajo sustituida hasta la fecha de jubilación prevista para el trabajador sustituido.

El disfrute de la pensión de jubilación parcial en ambos supuestos será compatible con un puesto de trabajo a tiempo parcial.

¿Qué requisitos son necesarios para jubilarse antes de los 65 años?

• Con carácter general, la edad de 65 años podrá ser rebajada para trabajadores en alta o en situación asimilada a la de alta que hubiesen sido cotizantes en alguna de las mutualidades laborales de trabajadores por cuenta ajena con anterioridad al día 1 de enero de 1967, pudiéndose jubilar a partir de los 60 años, con la aplicación de los correspondientes coeficientes reductores.

• Además, podrán acceder a la jubilación anticipada, a partir de los 61 años de edad, con la aplicación de coeficientes reductores, los trabajadores del Régimen General y los trabajadores por cuenta ajena de los Regímenes de la minería del carbón y del mar que reúnan con carácter general los siguientes requisitos:

— que se encuentren inscritos en las oficinas de empleo, como demandantes de empleo, durante un plazo de, al menos, seis meses inmediatamente anteriores a la fecha de solicitud de jubilación;
— que acrediten un periodo mínimo de cotización efectiva de 30 años;
— que el cese en el trabajo, como consecuencia de la extinción del contrato de trabajo, no se haya producido por causa imputable a la libre voluntad del trabajador.

• Existe también la posibilidad de jubilarse con menos de 65 años, sin aplicación de los citados coeficientes reductores, en algunos supuestos y en determinados colectivos con regulación específica.

Trabajadores con 65 años o más

Si se accede a la pensión a una edad superior a los 65 años, el porcentaje será el que resulte de sumar al 100 % un 2 % adicional por cada año completo que, en la fecha del hecho causante, se haya cotizado desde el cumplimiento de los 65 años, siempre que en dicho momento el interesado tuviera acreditados 35 años de cotización. Si el interesado no tuviera acreditados 35 años de cotización, el porcentaje adicional se aplicará, cumplidos los 65 años, desde la fecha en que se haya acreditado dicho periodo de cotización.

A efectos del cumplimiento de los 65 años, se tendrán en cuenta las bonificaciones o anticipaciones de edad que, en su caso, correspondan.

Para la acreditación de los 35 años de cotización, se tendrá en cuenta la bonificación de años y días según edad cumplida el día 1 de enero de 1967, así como los que resulten acreditados por la aplicación de los coeficientes en razón de la realización de trabajos penosos, tóxicos, peligrosos o insalubres.

Para tener derecho al incremento del 2 %:

— tendrá que acreditarse un año completo de cotización, sin que pueda asimilarse, a estos efectos, a un año la fracción del mismo;
— no se tendrá en cuenta el cómputo de la parte proporcional por gratificaciones extraordinarias correspondientes a cotizaciones posteriores al cumplimiento de los 65 años.

Los años exonerados de cotización se computarán a efectos de aumentar la cuantía de la pensión de jubilación, en el supuesto recogido en el primer punto.

En los casos en que la pensión de jubilación haya sido suspendida por la realización de una actividad incompatible con la misma, los años de cotización posteriores a dicha suspensión se tendrán en cuenta para acreditar el porcentaje adicional al que se hace referencia en el primer punto, cuya aplicación se llevará a cabo, en todo caso, desde la fecha en que se acredite el periodo de cotización de 35 años.

En ningún caso, la cuantía total de la pensión que resulte podrá superar la cuantía de la pensión máxima que anualmente se establezca en la Ley de Presupuestos Generales del Estado.

EXONERACIÓN DE CUOTAS DE TRABAJADORES CON 65 AÑOS O MÁS

Los empresarios y trabajadores quedarán exentos de cotizar a la Seguridad Social por desempleo, Fondo de Garantía Salarial, formación profesional y contingencias comunes, salvo por incapacidad temporal derivada de las mismas, respecto de aquellos trabajadores por cuenta ajena con contratos de trabajo de carácter indefinido, así como de los socios trabajadores o de trabajo de las cooperativas, siempre que tengan cumplidos 65 años o más de edad y acrediten 35 años o más de cotización efectiva a la Seguridad Social, sin que se computen a estos efectos las partes proporcionales de pagas extraordinarias.

Si al cumplir los 65 años de edad el trabajador no tuviere cotizados 35 años, la exención será aplicable a partir de la fecha en que se acrediten los 35 años de cotización efectiva.

¿Cómo se calcula la cuantía de la pensión de jubilación?

• La cuantía se determina aplicando a la base reguladora (el cociente que resulte de dividir por 210 las bases de cotización de los 180 últimos meses) el porcentaje correspondiente y, en su caso, los coeficientes reductores si la jubilación se produce antes de los 65 años.

• Las bases de cotización de los 24 últimos meses se toman en su valor nominal.

• El resto de las bases se actualizará de acuerdo con la evolución del Índice de Precios al Consumo.

• Si en el periodo de base reguladora hubiera meses durante los cuales no existiera obligación de cotizar, dichos periodos se integrarían con la base mínima de cotización vigente en cada momento para los trabajadores mayores de 18 años. Esta norma es aplicable al Régimen General, al de la minería del carbón y a los trabajadores por cuenta ajena de los Regímenes Especiales agrario y del mar.

• El porcentaje es variable en función de los años de cotización a la Seguridad Social: el 50 % por los 15 primeros años, añadiendo un 3 % por cada año adicional comprendido entre el decimosexto y vigésimo quinto y un 2 % por cada año adicional, a partir del vigésimo sexto, con el límite del 100 % cuando se alcanzan los 35 años.

Solicitud y devengo

La solicitud de la pensión de jubilación se ha de presentar en la Dirección Provincial de la Seguridad Social o cualquiera de sus agencias y se devengará desde el día siguiente del hecho causante, siempre que la solicitud sea presentada en el periodo de tres meses anteriores o posteriores a aquel. Si no es así, sólo se percibirá con una retroactividad máxima de tres meses contados desde la fecha de la presentación de la solicitud.

Por todo ello, se entiende producido el hecho causante y, en consecuencia, causada la pensión de jubilación dependiendo de las circunstancias siguientes:

a) Para los trabajadores en alta: el día de su cese en el trabajo por cuenta ajena.

b) Para los trabajadores que se encuentren en alguna de las situaciones asimiladas a la de alta:

— el día del cese en el cargo que dio origen a la asimilación, en el supuesto de excedencia forzosa;
— el día del cese en el trabajo por cuenta ajena, en el supuesto de traslado fuera del territorio español;
— el día que cumpla la edad mínima necesaria para comenzar a percibir una pensión de jubilación, en el supuesto de que el beneficiario sea un trabajador mayor de 52 años perceptor del subsidio de desempleo.

c) Para los trabajadores que no se encuentren en alta o en situación asimilada, el día de la presentación de la solicitud de la prestación.

Las demás bases se actualizarán de acuerdo con la evolución del Índice de Precios al Consumo desde los meses a que aquellas correspondan hasta el mes 25, previo al hecho causante, a partir del cual se inicia el periodo de las bases de cotización tomadas en su valor nominal.

Pago de la pensión

El pago de la pensión se efectuará, a elección del beneficiario, de alguna de las siguientes maneras: mediante giro postal (para aquellos pensionistas que no dispongan en su localidad de residencia de otro medio o modalidad de pago), a través de entidades financieras (como, por ejemplo, cajas de ahorro, bancos, cajas rurales o Caja Postal de Ahorros), por medio de graduados sociales o a través de los administradores de las Residencias de Pensionistas de la Seguridad Social respecto de los titulares que ocupen plaza en las mismas.

Las pensiones se abonan en 14 pagas, una por cada uno de los meses del año y dos pagas extraordinarias al año.

Las pagas extraordinarias se hacen efectivas junto con las mensualidades de junio y noviembre y por el mismo importe que el de la mensualidad ordinaria correspondiente a dichos meses.

En los supuestos de reconocimiento inicial o de reanudación del percibo de una pensión, así como en los casos de suspensión del percibo de la pensión o extinción de la misma, la paga extraordinaria correspondiente se abonará en razón de sextas partes.

Régimen de incompatibilidades

El disfrute de la pensión es incompatible con la realización de trabajos por cuenta ajena o por cuenta propia, o con la realización de actividades para cualesquiera de las Administraciones Públicas que den lugar a su inclusión en el Régimen General o en alguno de los Regímenes Especiales, con las salvedades siguientes:

— las personas que «accedan» a la jubilación podrán compatibilizar el percibo de la pensión con un trabajo a tiempo parcial en los términos establecidos. Durante dicha situación, denominada jubilación parcial, se minorará el percibo de la pensión en proporción inversa a la reducción aplicable a la jornada de trabajo del pensionista en relación con la de un trabajador a tiempo completo comparable;
— los pensionistas de jubilación podrán compatibilizar el percibo de la pensión «causada» con un trabajo a tiempo parcial en los términos establecidos. Durante dicha situación, denominada jubilación flexible, se minorará la pensión en proporción inversa a la reducción aplicable a la jornada de trabajo del pensionista, en relación con la de un trabajador a tiempo completo comparable.

La realización de otros trabajos, que no sean a tiempo parcial y en los términos establecidos, produce los siguientes efectos:

— la pensión de jubilación se suspende, así como la asistencia sanitaria inherente a la condición de pensionista;
— el empresario está obligado a solicitar el alta e ingresar las cotizaciones que, en su caso, correspondan.

Las nuevas cotizaciones sirven para:

— incrementar, en su caso, el porcentaje ordinario de la pensión (hasta el 100 % con 35 años cotizados);
— acreditar el porcentaje adicional del 2 %, desde la fecha en que se acrediten los 35 años de cotización.

En ningún caso las nuevas cotizaciones pueden modificar la base reguladora.

Extinción

El derecho a la pensión de jubilación se extingue por defunción del pensionista y, en su caso, cuando se imponga como sanción la pérdida de la pensión.

La obtención o la conservación fraudulenta de pensiones indebidas o por importe superior al que correspondiera constituyen infracciones muy graves de los trabajadores.

Revalorización de las pensiones de jubilación

La pensión de jubilación, incluido el importe de la pensión mínima, se revaloriza anualmente, según lo que disponga la Ley de Presupuestos Anual. Los pensionistas posteriores al día 1 de agosto de 1985 tienen la garantía legal de que su revalorización se adecuará al incremento del Índice de Precios al Consumo.

La documentación que se debe acompañar a la solicitud es la siguiente:

— DNI;
— tarjeta NIF;

— DNI del cónyuge y de los familiares mayores de 14 años que convivan con el solicitante y a su cargo.

La documentación relativa a la cotización es la siguiente:

— si la empresa es la obligada a ingresar las cuotas, deberá presentar la certificación de las últimas empresas;
— si el solicitante está o ha estado en desempleo, tendrá que presentar el certificado cumplimentado por el Instituto Nacional de Empleo;
— si el interesado está casado y tiene hijos, presentará el Libro de Familia o, en su caso, el Certificado de Matrimonio y de Nacimiento de los hijos;
— si el solicitante ha trabajado en alguna actividad que suponga bonificación tanto de edad como de años de cotización, deberá presentar los certificados de las empresas en los que figuren las categorías profesionales y los periodos trabajados.

Imprescriptibilidad

El derecho al reconocimiento de la pensión de jubilación, en su modalidad contributiva, es imprescriptible.

El derecho al reconocimiento de la pensión de jubilación, en su modalidad contributiva, es imprescriptible, sin perjuicio de que los efectos de tal reconocimiento se produzcan a partir de los tres meses anteriores a la fecha en que se presente la correspondiente solicitud, en los supuestos de jubilación en situación de alta.

Jubilación.
Modalidad no contributiva

> El Sistema de Seguridad Social universaliza la prestación de jubilación posibilitando el acceso a la misma de todos los ciudadanos que residan legalmente en España y en los que se den los requisitos específicos establecidos para ella.
> Las rentas o ingresos del beneficiario, o los de la unidad económica en que esté integrado, condicionan el derecho a la pensión, su conservación y su cuantía.

El Sistema de Seguridad Social universaliza la prestación de jubilación y garantiza el acceso a la misma de todos los ciudadanos que, habiendo cumplido 65 años de edad, carezcan de rentas o ingresos en cuantía superior a los límites establecidos por ley anualmente, residan legalmente en territorio español y lo hayan hecho durante diez años entre los 16 años y la edad de devengo de la pensión, de los cuales dos deberán ser consecutivos e inmediatamente anteriores a la solicitud de la prestación.

Beneficiarios

Tendrán derecho a la pensión de jubilación, en su modalidad no contributiva, las personas que, habiendo cumplido 65 años de edad, carezcan de rentas o ingresos en cuantía superior a los límites establecidos legalmente, residan legalmente en territorio español y lo hayan hecho durante diez años entre la edad de 16 años y la edad de devengo de la pensión, de los cuales dos deberán ser consecutivos e inmediatamente anteriores a la solicitud de la prestación.

Las rentas e ingresos propios, así como también los ajenos computables, por razón de convivencia en una misma unidad económica, además de la residencia en territorio español, condicionan tanto el derecho a la pensión como la conservación de la misma y, en su caso, la cuantía de aquella.

Límites de ingresos o rentas

Se considera que existe carencia en el caso de que las rentas o ingresos de que se disponga, en cómputo anual para el año 2006, sean inferiores a 4.221,70 euros anuales.

No obstante, si estas rentas o ingresos son inferiores a la citada cantidad de 4.221,70 euros anuales y se convive con familiares, únicamente se cumple el requisito cuando se cumpla la condición de que la suma de las rentas o ingresos anuales de todos los miembros de la unidad económica de convivencia sean inferiores a las cuantías que se recogen en los siguientes apartados:

a) Convivencia sólo con el cónyuge y/o parientes consanguíneos de segundo grado:

n.º de convivientes = 2	7.176,89 euros/año
n.º de convivientes = 3	10.132,08 euros/año
n.º de convivientes = 4	13.087,27 euros/año
...	

b) Si entre los parientes consanguíneos con los que se convive se encuentra alguno de los padres o hijos:

n.º de convivientes = 2	17.942,23 euros/año
n.º de convivientes = 3	25.330,20 euros/año
n.º de convivientes = 4	32.718,18 euros/año

REQUISITOS ESPECÍFICOS DE LA PENSIÓN NO CONTRIBUTIVA DE JUBILACIÓN

Edad: tener 65 años o más.

Residencia: residir en territorio español y haberlo hecho durante un periodo de diez años, en el periodo que media entre la fecha de cumplimiento de los 16 años y la de devengo de la pensión, de los cuales dos han de ser consecutivos e inmediatamente anteriores a la fecha de la solicitud.

La pensión no contributiva de jubilación es incompatible con la pensión no contributiva de invalidez, con las Pensiones Asistenciales (PAS) y con los Subsidios de Garantía de Ingresos Mínimos (SGIM) y por Ayuda de Tercera Persona (SATP) de la Ley de Integración Social de los Minusválidos (LISMI), así como con la condición de causante de la prestación familiar por hijo a cargo minusválido.

Cuantía de la prestación

Para la determinación de la cuantía de la pensión de jubilación, en su modalidad no contributiva, habrá que seguir lo dispuesto para la pensión de invalidez: la cuantía de la pensión de invalidez en su modalidad no contributiva se fijará, en su importe anual, en la correspondiente Ley de Presupuestos Generales del Estado.

La Ley 30/2005, de 29 de diciembre, de Presupuestos Generales del Estado para el año 2006 y el Real Decreto 1611/2005, de 30 de diciembre, sobre revalorización de las pensiones del Sistema de Seguridad Social y de otras prestaciones sociales públicas para el ejercicio 2006, establecen la revalorización de las pensiones de la Seguridad Social en su modalidad contributiva y no contributiva para dicho año, así como la de otras prestaciones de protección social pública.

Las pensiones no contributivas experimentan un incremento del 4,4 % que incluye el 1,4 % de desviación del IPC del año anterior, y su cuantía queda fijada en 4.221,70 euros íntegros anuales, que se abona en 12 mensualidades más dos pagas extraordinarias al año, por lo que se mantiene íntegro el poder adquisitivo de estas pensiones en el año 2006 y se actualiza la cuantía de ingresos suficientes que limita el acceso y mantenimiento del derecho a las mismas.

La cuantía individual actualizada para cada pensionista se establece, a partir del citado importe, en función de sus rentas personales y/o de las de su unidad económica de convivencia, no pudiendo ser la cuantía inferior a la mínima del 25 % de la establecida.

Las cuantías básicas de las prestaciones para los pensionistas son las siguientes:

Cuantía	Anual	Mensual
Íntegra	4.221,70 euros	301,55 euros
Mínima 25 %	1.055,43 euros	75,39 euros

Cuando dentro de una misma familia conviva más de un beneficiario de pensión no contributiva, la cuantía máxima anual conjunta será la siguiente:

N.º beneficiarios	Anual	Mensual
2	7.176,89 euros	512,64 euros
3	10.132,08 euros	723,72 euros

Regularización para los ya pensionistas en 2005 y revisión de las pensiones

Dado que el incremento real experimentado por el Índice de Precios al Consumo en el periodo noviembre 2004-noviembre 2005 ha sido superior al previsto en un 1,4 %, todos los que ya eran pensionistas a 31 de diciembre de 2005 percibirán una cantidad equivalente a la diferencia entre la pensión percibida en 2005 y la que les hubiese correspondido de aumentar la cuantía percibida, durante el indicado ejercicio, en el 3,4 %, una vez deducido de aquella un 2 %.

El derecho a seguir percibiendo una pensión no contributiva de jubilación se extingue cuando se deja de reunir alguno de los requisitos exigidos para su reconocimiento.

Efectos económicos de la prestación

Los efectos económicos del reconocimiento del derecho a la pensión de jubilación, en su modalidad no contributiva, se producirán a partir del día primero del mes siguiente a aquel en que se presente la solicitud. Es decir, reconocido el derecho a la pensión, sus efectos económicos se producen a partir del primer día del mes siguiente al de presentación de la solicitud.

Reconocido el derecho a la pensión, sus efectos económicos se producen a partir del primer día del mes siguiente al de la presentación de la solicitud.

El beneficiario tiene derecho a los servicios sociales establecidos en el Sistema de Seguridad Social para los pensionistas, así como a la asistencia sanitaria, previo reconocimiento del Instituto Nacional de la Seguridad Social.

Requisitos de las pensiones no contributivas

Edad:

- invalidez: de 18 a 64 años;
- jubilación: 65 años o más.

Nacionalidad:

- españoles;
- nacionales de la Unión Europea;
- nacionales de otros países equiparados por ley (andorranos, filipinos, hispanoamericanos);
- extranjeros, según convenio en materia de Seguridad Social de cada país.

Residencia legal en territorio español o territorio de la Unión Europea:

- invalidez: cinco años (dos inmediatamente anteriores a la fecha de la solicitud);
- jubilación: diez años (dos inmediatamente anteriores a la fecha de la solicitud); si han residido en la Unión Europea han de acreditar la residencia legal en cualquiera de los países miembros.

Ausencia de ingresos o rentas suficientes

Se considera que el solicitante no dispone de ingresos o rentas suficientes cuando la suma en cómputo anual de los ingresos propios es inferior al importe anual máximo de las pensiones no contributivas.

En estos casos es preciso apreciar si forma parte de una unidad económica de convivencia y las rentas e ingresos de todos los miembros de la misma. Se entenderá cumplido el requisito de insuficiencia de ingresos o rentas si la suma de las rentas o ingresos de los miembros de la unidad económica de convivencia no supera el límite de acumulación de recursos.

Disminución

En el caso de estar afectado por un grado de disminución equivalente al 65 % o superior (en el caso de la prestación no contributiva por invalidez), se procede de la siguiente manera:

— se valoran los factores físicos, psíquicos, sensoriales y sociales complementarios;
— se calcula el grado de enfermedad o disminución según las tablas combinadas de la Ley 13/82, de 7 de abril;
— se aplican baremos según el anexo I y III de la Orden del Ministerio de Trabajo y la Seguridad Social de 8 de marzo de 1984.

Cuantía de las pensiones no contributivas

Supuesto 1. Beneficiario no inserto en una unidad económica de convivencia:

— si no tiene ingresos o rentas propias, la cuantía a reconocer será la máxima establecida en la Ley de Presupuestos Generales del Estado;
— si tiene ingresos o rentas propias, y estas no superan la cuantía máxima anual, se le reducirá el importe de la pensión no contributiva por un importe igual a estos ingresos propios en cómputo anual;

— en el caso de que se efectúe una reducción, es preciso tener en cuenta que el importe mínimo que deberá garantizarse corresponderá al 25 % del importe máximo de las pensiones no contributivas.

Supuesto 2. Beneficiario que forma parte de una unión económica de convivencia:

— si el beneficiario tiene ingresos o rentas propios, y estos no superan la cuantía máxima anual, se le reducirá el importe de la pensión no contributiva por un importe igual a estos ingresos propios en cómputo anual;
— si la suma de las rentas o ingresos anuales de la unión económica de convivencia más la pensión no contributiva (reducida si se da el supuesto 1) supera el límite de acumulación de recursos establecido, la pensión no contributiva se reducirá por tal de no superar este límite;
— si se efectúa reducción, el importe mínimo garantizado será el 25 % del importe máximo de la pensión no contributiva.

Supuesto 3. Dos o más beneficiarios de pensión no contributiva en una misma unidad económica de convivencia:

— la cuantía anual máxima de la pensión no contributiva, cuando existe más de un beneficiario en una misma unidad económica de convivencia, tendrá que reducirse mediante la aplicación de las reducciones pertinentes cuando se den los supuestos anteriores.

Causas de extinción

Son las siguientes:

— pérdida de residencia legal o traslado de residencia fuera del territorio español (más de 90 días por año natural);
— mejora de minusvalía o enfermedad que suponga ostentar un grado inferior al 65 %;
— ingresos o rentas superiores al limite de acumulación de recursos;
— muerte del beneficiario.

Muerte y supervivencia

> La acción protectora de la Seguridad Social cubre parcialmente tanto los gastos derivados del fallecimiento (muerte) como la pérdida de ingresos que supone el óbito del causante para sus familiares supervivientes (supervivencia).
>
> La pensión de viudedad es la prestación económica a que tiene derecho el cónyuge superviviente (viuda o viudo) por el fallecimiento de su consorte. También son beneficiarios los separados y divorciados que no hubiesen contraído nuevas nupcias.
>
> Tendrán derecho a la pensión de orfandad cada uno de los hijos del causante fallecido sea cual sea la naturaleza legal de su filiación.

La acción protectora de la Seguridad Social cubre parcialmente tanto los gastos que se han producido a causa del fallecimiento de un trabajador o pensionista como la pérdida de ingresos que supone para sus familiares la defunción del causante (supervivencia).

En estas prestaciones es preciso distinguir el concepto de causante (trabajador que con su muerte origina el derecho a prestaciones) y el de beneficiario (familiar superviviente que recibe las diferentes prestaciones).

En este capítulo se ofrecen los datos más significativos acerca de estas prestaciones, que están destinadas a compensar la situación de necesidad económica que produce para determinadas personas el fallecimiento de otras, debido a las circunstancias siguientes:

— un incremento de gastos que hay que efectuar (gastos de entierro, funeral, etc.): en este caso, la Seguridad Social entregará a los familiares una indemnización a tanto alzado;
— la falta de ingresos que como consecuencia de aquella puedan ocasionarse: este riesgo es de supervivencia de ciertos familiares a la muerte del asegurado, que quedan privados de las fuentes económicas de subsistencia; en este supuesto, la Seguridad Social otorgará a los familiares prestaciones para que puedan hacer frente a las necesidades.

Hecho causante

Se entiende por muerte presunta cuando el trabajador desaparece por un accidente, en circunstancias que lo hagan presumible y sin que se tengan noticias suyas durante los 90 días siguientes.

Sólo opera como causa para las prestaciones de muerte y supervivencia cuando se solicitan dentro de los 180 días naturales siguientes al final del plazo de 90 días sin tener noticias del desaparecido.

Causa de la muerte

El periodo de carencia exigido para tener derecho a la prestación, el cálculo de la base reguladora de la misma y la posibilidad de tener o no derecho a una indemnización a tanto alzado dependen de la causa determinante de la muerte.

Se reputarán de derecho muertos a consecuencia de accidente de trabajo o enfermedad profesional quienes tengan reconocida por tales contingencias una invalidez permanente absoluta o una gran invalidez. Esta presunción exime de la necesidad de probar la relación de causalidad entre el accidente laboral o la enfermedad profesional y la muerte. Tampoco cabrá la prueba en contrario, a efectos de las prestaciones de muerte y supervivencia.

En los demás supuestos, deberá probarse que la muerte ha sido debida al accidente de trabajo si no han transcurrido más de cinco años desde que este se produjo, o a la enfermedad profesional, sea cual sea el tiempo transcurrido, dado que se presume que la causa de la muerte es la enfermedad común o el accidente no laboral.

Sujeto causante

Podrán causar derecho a las prestaciones por muerte y supervivencia:

— los trabajadores afiliados y en alta o asimilados al alta;
— los inválidos provisionales;
— los pensionistas por invalidez permanente o jubilación;
— los trabajadores que, habiendo cesado en el trabajo por cuenta ajena, reunieren en el momento del cese las condiciones precisas para serles otorgada la pensión de jubilación y falleciesen sin haberla solicitado.

A los efectos de causar prestaciones por muerte y supervivencia se considerarán situaciones asimiladas al alta:

— la excedencia forzosa del trabajador por cuenta ajena;
— el traslado del trabajador, por la empresa, a centros de trabajo que se hallen fuera del territorio nacional;
— el cese en la condición de trabajador por cuenta ajena con la suscripción del oportuno convenio especial con la entidad gestora;
— el desempleo involuntario total y subsidiario;
— la permanencia en filas para el cumplimiento del servicio militar o prestación social sustitutoria;
— el paro involuntario que subsista después de haberse agotado las prestaciones por desempleo;
— el paro involuntario de quienes estén excluidos legalmente del régimen de desempleo o no tengan derecho a las prestaciones del mismo, cuando la pérdida de la ocupación no les sea imputable;
— los periodos de inactividad entre los trabajos de temporada;
— el periodo de 90 días después de causar baja en la Seguridad Social;
— los trabajadores a los que se les reconozcan auxilios económicos de carácter periódico por asistencia social;
— los periodos de cumplimiento de condena o sanción, objeto de amnistía.

Auxilio por defunción

El fallecimiento del causante dará derecho a la percepción inmediata de un auxilio por defunción para hacer frente a los gastos del sepelio a quien los haya soportado.

Será beneficiario del auxilio por defunción quien haya soportado los gastos del sepelio del sujeto causante. Salvo prueba de lo contrario, se presume que dichos gastos los ha soportado, por este orden, el cónyuge sobreviviente, los hijos y los parientes del fallecido que conviviesen habitualmente con él. Si estos familiares no hubiesen sufragado dichos gastos de sepelio, se abonará la cantidad correspondiente a auxilio por defunción a la persona que se hizo cargo de los mismos.

El auxilio por defunción consiste en la percepción inmediata de una cantidad a tanto alzado para atender los gastos del sepelio del causante.

La Ley de Financiación y Perfeccionamiento de la acción protectora del Régimen General de la Seguridad Social de 1972 modificó la denominación de subsidio con que se conocía esta prestación por la de auxilio por defunción.

Pensión de viudedad

La pensión de viudedad es aquella prestación económica a que tiene derecho el cónyuge supérstite por el fallecimiento de su consorte.

Es la prestación económica a la que tiene derecho el cónyuge superviviente (viudo o viuda) por el fallecimiento del otro.

Tendrá derecho a la pensión de viudedad con carácter vitalicio el cónyuge superviviente cuando, al fallecimiento de su cónyuge, este, si al fallecer se encontraba en alta o en situación asimilada a la de alta, hubiera completado el periodo de cotización que reglamentariamente se determine. Si la causa de la muerte es un accidente, sea o no de trabajo, o una enfermedad profesional, no se exigirá ningún periodo previo de cotización.

En los supuestos de separación o divorcio, el derecho a la pensión de viudedad corresponderá al cónyuge legítimo y en cuantía proporcional al tiempo vivido con el cónyuge fallecido.

Los requisitos necesarios son los siguientes:

— que exista o haya existido vinculo matrimonial; las uniones extramatrimoniales, desde el día 9 de enero de 1981, no dan lugar a pensiones de viudedad;
— que el causante haya cumplido 500 días de cotización en los cinco años anteriores al deceso por enfermedad común.

No obstante, en caso de accidente, sea o no laboral, y enfermedad profesional, no se exigen periodos previos de cotización.

Causantes

1. Las personas integradas en el Régimen General de la Seguridad Social, afiliadas y en alta o en situación asimilada a la de alta, que reúnan el periodo mínimo de cotización exigido:

a) Si el fallecimiento es debido a enfermedad común: 500 días dentro de un periodo ininterrumpido de cinco años inmediatamente anteriores al fallecimiento o a la fecha en que cesó la obligación de cotizar, si el causante se encontrase en situación de alta o asimilada sin obligación de cotizar.

En el caso de los trabajadores con contratos a tiempo parcial, de relevo y fijo-discontinuo, para acreditar los periodos de cotización, se computarán exclusivamente las cotizaciones efectuadas en función de las horas trabajadas, tanto ordinarias como complementarias, calculando su equivalencia en días teóricos de cotización.

El número de horas efectivamente trabajadas se dividirá por 5, equivalente diario del cómputo de 1.826 horas anuales.

El periodo de cinco años, dentro del cual han de estar comprendidos los 500 días, se incrementará en la misma proporción en que se reduzca la jornada efectivamente realizada respecto a la jornada habitual en la actividad correspondiente.

La fracción de día, en su caso, se asimilará a día completo.

b) Si el fallecimiento es debido a accidente, sea o no de trabajo, o a enfermedad profesional no se exige periodo previo de cotización.

c) Tampoco se exige ningún periodo previo de cotización para el auxilio por defunción.

2. Las personas que, en la fecha del fallecimiento, «no se encuentren» en alta o en situación asimilada a la de alta causarán derecho a pensión siempre que reúnan un periodo mínimo de cotización de 15 años.
3. Los perceptores del subsidio por recuperación.
4. Los pensionistas de jubilación en su modalidad contributiva.
5. Los pensionistas de incapacidad permanente. Se consideran muertos por accidente de trabajo o enfermedad profesional quienes tengan reconocida por tales contingencias una incapacidad permanente absoluta o la condición de gran inválido.
6. Los trabajadores que hubieran cesado en su trabajo con derecho a pensión de jubilación en su modalidad contributiva y falleciesen sin haberla solicitado.
7. Los trabajadores desaparecidos con ocasión de un accidente, sea o no laboral, en circunstancias que hagan presumible su muerte, y de los que no se hayan tenido noticias durante los 90 días naturales siguientes al del accidente. En este caso, no se causa nunca derecho al auxilio por defunción.
8. Los trabajadores con derecho a pensión por incapacidad permanente total que optaron por la indemnización especial a tanto alzado a favor de los menores de 60 años.

Beneficiarios

— El cónyuge sobreviviente;
— los separados y divorciados que no hubieran contraído nuevas nupcias, con independencia de las causas que hubieran determinado la separación o el divorcio. La cuantía de la pensión será proporcional al tiempo vivido en matrimonio con el fallecido;
— el superviviente cuyo matrimonio fuese declarado nulo, respecto del cual no cupiera la apreciación de mala fe, siempre que no hubiera contraído nuevas nupcias. La cuantía de la pensión será proporcional al tiempo vivido en matrimonio con el fallecido.

Cuantía

La cuantía de la pensión se obtiene aplicando a la base reguladora el porcentaje correspondiente:

— el 52 % de la base reguladora, con carácter general y efectos económicos a partir del día 1 de enero de 2004;
— el 70 % de la base reguladora correspondiente siempre que, durante todo el periodo de percepción de la pensión, se cumplan los siguientes requisitos:

1. Que el pensionista tenga cargas familiares. Se entiende que tiene cargas familiares cuando convive con hijos menores de 26 años o mayores incapacitados, o menores acogidos. A estos efectos, se considera que existe incapacidad cuando se acredita una minusvalía igual o superior al 33 %.
2. Que los rendimientos de la unidad familiar, incluido el propio pensionista, divididos entre el número de miembros que la componen, no superen, en cómputo anual, el 75 % del salario mínimo interprofesional vigente en cada momento, excluida la parte proporcional de las dos pagas extraordinarias.
3. Que la pensión de viudedad constituya la principal o única fuente de ingresos, entendiendo que se cumple este requisito cuando el importe anual de la pensión sea superior al 50 % del total de los ingresos del pensionista.
4. Que los rendimientos anuales del pensionista por todos los conceptos no superen la cuantía resultante de sumar al límite que, en cada ejercicio económico, esté previsto para el reconocimiento de los complementos mínimos de las pensiones contributivas el importe anual que, en cada ejercicio económico, corresponda a la pensión mínima de viudedad en función de la edad del pensionista. A partir del 1 de enero de 2006, el límite de ingresos es de:

— con 65 años o más: 6.330,69 + 6.537,72 = 12.868,41 euros;
— con menos de 65 años: 6.330,69 + 6.091,68 = 12.422,37 euros.

La pensión de viudedad, en cómputo anual, más los rendimientos anuales del pensionista no pueden exceder el límite de ingresos del párrafo anterior. En caso contrario, se reducirá la cuantía de la pensión de viudedad a fin de no superar dicho límite.

Los cuatro requisitos exigidos deben concurrir simultáneamente. La pérdida de uno de ellos motivará la aplicación del porcentaje del 52 % con efectos desde el día 1 del mes siguiente a aquel en que deje de concurrir dicho requisito.

En caso de separación judicial, divorcio o nulidad, la cuantía será proporcional al tiempo vivido en matrimonio con el fallecido.

Base reguladora

El cálculo de la base reguladora variará en función de la situación en la que se encuentre el fallecido en el momento de su fallecimiento y de su causa.

FALLECIMIENTO DE PENSIONISTAS DE JUBILACIÓN
O INCAPACIDAD PERMANENTE

La base reguladora será la misma que sirvió para determinar la pensión de jubilación o incapacidad permanente del fallecido, a la que se aplicará el porcentaje que, en su caso, corresponda. El resultado se incrementa con el importe de las revalorizaciones que, para las pensiones de viudedad, hayan tenido lugar desde la fecha en que se causó la pensión originaria.

Si el fallecido se hallaba en situación de jubilación parcial, serán tenidas en cuenta las bases de cotización correspondientes al periodo trabajado a tiempo parcial, incrementadas hasta el 100 % de la cuantía que le hubiera correspondido de haber trabajado a «tiempo completo» durante dicho periodo.

FALLECIMIENTO DE TRABAJADORES EN ACTIVO

a) Fallecimiento debido a contingencias comunes: la base reguladora será el cociente que resulte de dividir por 28 la suma de las bases de cotización del interesado durante un periodo ininterrumpido de 24 meses. Dicho periodo será elegido por los beneficiarios dentro de los 15 años inmediatamente anteriores a la fecha del hecho causante (fallecimiento) de la pensión.

b) Fallecimiento de trabajador en situación de alta o asimilada debido a accidente no laboral: si el trabajador no hubiese completado un periodo ininterrumpido de 24 meses de cotización en los 15 años anteriores al fallecimiento, la base reguladora será la más beneficiosa de entre las dos siguientes:

— la prevista en el punto anterior;
— la que resulte de dividir por 28 la suma de las bases mínimas de cotización vigentes en los 24 meses inmediatamente anteriores al fallecimiento, tomadas estas en la cuantía correspondiente a la jornada laboral contratada en último término por el fallecido.

Fallecimiento por accidente de trabajo o enfermedad profesional

La base reguladora en este caso será el cociente de dividir por 12 los sumandos siguientes: sueldo y antigüedad diarios del trabajador en la fecha del accidente o de la baja por enfermedad multiplicados por 365 días.

En los supuestos de contratos a tiempo parcial y de relevo en que el trabajador no preste servicios todos los días o, prestándolos, su jornada de trabajo sea irregular o variable, el salario diario será el que resulte de dividir entre 7 o 30 el semanal o mensual pactado en función de la distribución de las horas de trabajo concretadas en el contrato para cada uno de esos periodos.

En los supuestos de contratos fijos-discontinuos, el salario diario será el que resulte de dividir entre el número de días naturales de campaña transcurridos hasta la fecha del hecho causante los salarios percibidos por el trabajador en el mismo periodo.

En los supuestos de contratos a tiempo parcial, de relevo y fijos-discontinuos, la suma de los complementos salariales percibidos por el interesado en el año anterior al del hecho causante se dividirá entre el número de horas efectivamente trabajadas en ese periodo. El resultado así obtenido se multiplicará por la cifra que resulte de aplicar a 1.826 el coeficiente de proporcionalidad existente entre la jornada habitual de la actividad de que se trate y la que se recoja en el contrato.

Compatibilidad

La pensión de viudedad es compatible con cualquier renta de trabajo del beneficiario y con la pensión de jubilación o incapacidad permanente a que el mismo tuviera derecho.

A partir del día 1 de enero de 2004, la pensión de viudedad, cuando el causante no se encontrase en alta o en situación asimilada al alta en la fecha del fallecimiento, será incompatible con el reconocimiento de otra pensión de viudedad en cualquiera de los regímenes de la Seguridad Social, salvo que las cotizaciones acreditadas en cada uno de los regímenes se superpongan, al menos, durante 15 años.

En los casos en que se haya mantenido el percibo de la pensión de viudedad, aunque se haya contraído nuevo matrimonio, por cumplir los requisitos exigidos, la nueva pensión de viudedad que pudiese generarse como consecuencia del fallecimiento del nuevo cónyuge será incompatible con la pensión o pensiones de viudedad que venía percibiendo, debiendo optar por una de ellas.

Régimen de compatibilidades de la pensión de viudedad

- La pensión será compatible con las rentas de trabajo del beneficiario y con las pensiones de jubilación e incapacidad permanente a que pudiera tener derecho.
- Si el causante se encuentra en no alta en la fecha del fallecimiento, la pensión de viudedad será incompatible con el reconocimiento de otra pensión de viudedad en cualquiera de los regímenes de la Seguridad Social, salvo que las cotizaciones acreditadas en cada uno de los regímenes se superpongan, al menos, durante 15 años.
- La pensión de viudedad que se mantenga, aunque se haya contraído nuevo matrimonio, será incompatible con la nueva pensión de viudedad que pudiese generarse como consecuencia del fallecimiento del nuevo cónyuge, debiendo optar por una de ellas.

Extinción

La pensión de viudedad se extinguirá por las siguientes causas:

a) Por contraer nuevas nupcias o por tomar estado religioso. No obstante, se podrá mantener el percibo de la pensión de viudedad, aunque el pensionista contraiga nuevo matrimonio, siempre que se acrediten los siguientes requisitos:

— ser mayor de 61 años o menor y tener reconocida también una pensión de incapacidad permanente absoluta o de gran invalidez o acreditar una minusvalía en grado superior al 65 %;
— la pensión de viudedad debe constituir la principal o única fuente de ingresos del pensionista. Se entiende que constituye la principal fuente de ingresos cuando el importe de la misma represente, como mínimo, el 75 % del total de ingresos de aquel, en cómputo anual;
— tener el matrimonio unos ingresos anuales, de cualquier naturaleza e incluida la pensión de viudedad, que no superen dos veces el importe, en cómputo anual, del salario mínimo interprofesional vigente en cada momento.

b) Por declaración, en sentencia firme, de culpabilidad en la muerte del causante.
c) Por fallecimiento.
d) Por comprobarse que no falleció el trabajador desaparecido en accidente cuando se presumió el fallecimiento con ocasión de un accidente o hubo declaración de fallecimiento.
e) Por condena, por la comisión de un delito doloso de homicidio en cualquiera de sus formas o de lesiones cuando la ofendida fuera su cónyuge o ex cónyuge, salvo que medie reconciliación entre ellos.

Abono

La pensión se abona a los beneficiarios mensualmente, con dos pagas extraordinarias al año, que se hacen efectivas con las mensualidades de junio y noviembre, salvo en los casos de accidente de trabajo y enfermedad profesional, en que están prorrateadas dentro de las doce mensualidades ordinarias.

La pensión, incluido el importe de la pensión mínima, se revaloriza al comienzo de cada año, de acuerdo con el Índice de Precios al Consumo previsto para dicho año.

Se garantizan cuantías mínimas mensuales, según la edad y las cargas familiares del beneficiario

Pensión de orfandad

La acción protectora de la Seguridad Social cubre las necesidades de aquellos que dependen económicamente de sus padres en el momento de su fallecimiento.

Tendrán derecho a la pensión de orfandad cada uno de los hijos del causante fallecido sea cual sea la naturaleza legal de su filiación.

Así, en este caso, tendrán derecho a la pensión de orfandad cada uno de los hijos del causante fallecido, sea cual sea la naturaleza legal de su filiación, siempre que al fallecer el causante sean menores de 18 años o estén incapacitados para el trabajo en grado de incapacidad permanente absoluta o gran invalidez y aquel tenga cubierto el periodo de cotizaciones exigido en re-

---

Beneficiarios de la pensión de orfandad

Los hijos del causante fallecido y, en determinadas circunstancias, los aportados por el cónyuge sobreviviente:

— menores de 18 años o mayores incapacitados en grado de incapacidad permanente absoluta o gran invalidez;
— mayores de 18 años y menores de 22 o 24 si no sobreviviera ninguno de los padres, cuando no efectúen trabajos por cuenta propia o ajena o, cuando realizándolos, los ingresos obtenidos sean inferiores al 75 % del salario mínimo interprofesional;
— los nacidos con posterioridad al fallecimiento.

lación con la pensión de viudedad, debiendo aclarar una vez más que, en caso de fallecimiento por accidente de trabajo o enfermedad profesional, no se exige periodo previo de cotización. Asimilándose, a todos los efectos, los hijos habidos en el matrimonio o fuera de él, los hijos adoptivos, siempre que la adopción hubiera tenido lugar con dos años de antelación, al menos, a la fecha del fallecimiento del causante, y los hijos que el cónyuge supérstite (sobreviviente) hubiese llevado al matrimonio, siempre que el matrimonio se hubiera celebrado con dos años de antelación a la fecha del fallecimiento del causante, los hijos convivan con el causante y a sus expensas y no tengan derecho a otra pensión de la Seguridad Social, ni queden familiares (cónyuge, ascendientes o hermanos) con obligación y posibilidades de prestarles alimentos.

También pueden ser beneficiarios de esta prestación los menores de 22 años o de 24 si no sobreviviera ninguno de los padres, en los casos en que los hijos no efectúen un trabajo lucrativo por cuenta ajena o propia, o cuando, realizándolo, los ingresos que obtengan, en cómputo anual, resulten inferiores al 75 % del salario mínimo interprofesional que se fije en cada momento, también en cómputo anual.

En cualquier caso, la pensión se abonará a quien se haga cargo de los beneficiarios.

Absolutamente todos los beneficiarios deberán cumplir, además, los siguientes requisitos:

1. Haber convivido con el causante y a sus expensas con dos años de antelación al fallecimiento de aquel o desde la muerte del familiar con el que convivieran, si esta hubiera ocurrido dentro de dicho periodo.

2. No tener derecho a pensión pública.

3. Carecer de medios de subsistencia, por tener ingresos económicos iguales o inferiores al salario mínimo interprofesional, y de familiares con obligación y posibilidad de prestarles alimentos.

Cuantía

La cuantía de la pensión se calcula aplicando a la base reguladora el porcentaje correspondiente.

La base reguladora de la pensión de orfandad se calcula de la misma forma que en la pensión de viudedad, pero, en cuanto al porcentaje, se aplica el 20% de la base reguladora.

La base reguladora se calcula de la misma forma que en la pensión de viudedad, pero, en cuanto al porcentaje, se aplica el 20% de la base reguladora.

La cuantía de la pensión de orfandad será para cada huérfano la equivalente al 20% de la base reguladora del causante, calculada de acuerdo con las normas que ya vimos para la pensión de viudedad; pero si este era pensionista, la pensión se incrementará con las mejoras y revalorizaciones habidas desde que se causó la pensión del fallecido.

Este porcentaje del 20% se incrementará con el 52% correspondiente a la pensión de viudedad, tanto cuando a la muerte no quede cónyuge superviviente como cuando este falleciere en su disfrute.

Si existen varios beneficiarios, la suma de las pensiones de orfandad más la de viudedad, en su caso, no podrá rebasar el 100% de la base reguladora. Esta limitación se aplica a la determinación inicial de las cuantías de viudedad y orfandad, pero no afecta a las mejoras o revalorizaciones con que deban incrementarse aquellas.

A efectos de esta limitación, las pensiones de orfandad tienen preferencia sobre las «pensiones» en favor de otros familiares y, por lo que respecta a estas, el orden de preferencia es el siguiente:

— nietos y hermanos, menores de 18 años o mayores incapacitados, del causante;
— padre y madre del causante;
— abuelos y abuelas del causante;
— hijos y hermanos del pensionista de jubilación o incapacidad permanente, en su modalidad contributiva, mayores de 45 años y que reúnan los demás requisitos establecidos.

La limitación del 100% de la base reguladora no impedirá el reconocimiento del «subsidio temporal» en favor de familiares.

Si el fallecimiento ha sido debido a accidente de trabajo o a enfermedad profesional, se concede, además, a cada huérfano, una indemnización a tanto alzado equivalente a una mensualidad de la base reguladora. En

Si el fallecimiento ha sido debido a accidente de trabajo o a enfermedad profesional, se concede, además, a cada huérfano, una indemnización a tanto alzado.

caso de no existir cónyuge con derecho a la indemnización, las seis mensualidades correspondientes a aquel se distribuirán entre los huérfanos.

Cuando se trate de pensión de orfandad absoluta (si no queda cónyuge sobreviviente, si este fallece disfrutando la pensión de viudedad o abandonó el domicilio), la pensión de orfandad se incrementa con el porcentaje del 52 % de la viudedad.

Si existen varios huérfanos con derecho a la pensión, el incremento se distribuirá entre todos ellos a partes iguales.

Cuando existan varios beneficiarios, la suma de las cuantías de las prestaciones por muerte y supervivencia no puede exceder del 100 % de la base reguladora que corresponda.

En el caso de que concurran en un mismo beneficiario pensiones de orfandad causadas por el padre y la madre, el incremento previsto en el párrafo anterior sólo será aplicable a la pensión originada por uno de los causantes. Las pensiones originadas por cada uno de los causantes pueden alcanzar hasta el 100 % de su respectiva base reguladora.

En los casos de huérfanos mayores de 18 años e incapacitados para todo trabajo que, a su vez, acrediten los requisitos para acceder a la asignación económica por hijo minusválido a cargo mayor de 18 años, la cuantía de la pensión de orfandad, una vez garantizado el complemento a mínimo que, en su caso, pudiera corresponder, se incrementará con el importe, en cómputo anual, de la asignación que, en cada ejercicio económico, esté establecida en favor del hijo a cargo mayor de 18 años, en función del grado de minusvalía acreditado.

Compatibilidades

La pensión de orfandad será compatible con cualquier renta de trabajo del cónyuge superviviente o del propio huérfano, así como, en su caso, con la pensión de viudedad que aquel perciba. No obstante, conviene precisar que, reconocido el derecho a la pensión de orfandad o, en su caso, prolongado su disfrute, aquel queda en suspenso cuando el huérfano beneficiario realice un trabajo por cuenta ajena o propia en virtud del cual obtenga unos ingresos que, en cómputo anual, sean superiores al 75% del salario mínimo interprofesional que se fije en cada momento, también en cómputo anual.

Los huérfanos que estén incapacitados para el trabajo con derecho a pensión de orfandad cuando perciban otra pensión de la Seguridad Social en razón de la misma incapacidad podrán optar entre una y otra.

Extinción

La pensión de orfandad se extinguirá por las siguientes causas:

— al cumplir el beneficiario los 18 años de edad, salvo que en tal momento sufriere una incapacidad para todo trabajo; en caso de orfandad absoluta, si el huérfano estuviera cursando estudios y cumpliera 24 años durante el transcurso del curso escolar, la percepción de la pensión se mantendrá hasta el día 1 del mes siguiente al del inicio del siguiente curso académico;
— por cesar la incapacidad que le daba derecho a pensión;
— por contraer matrimonio (salvo que estuviera afectado de incapacidad permanente absoluta o gran invalidez; esta norma es sólo aplicable a los matrimonios celebrados a partir del día 23 de noviembre de 2005) o tomar estado religioso;
— por adopción;
— por fallecimiento.

Si la incapacidad se extingue por alguna de las cuatro primeras causas, sin que el beneficiario haya percibido una anualidad de la pensión, se le abona por una sola vez la cuantía precisa para completarla, incluidas las pagas extraordinarias.

La misma regla se aplicará cuando el beneficiario no hubiera llegado a devengar cantidad alguna de la pensión de orfandad antes de llegar a la edad límite para ser perceptor de la misma, por haberla solicitado en fecha posterior al cumplimiento de dicha edad, siempre que en la fecha del hecho causante hubiera reunido las condiciones para ser beneficiario.

Prestaciones a favor de familiares

La cobertura de la Seguridad Social se extiende a aquellos familiares del fallecido que convivieron con él y dependían de él económicamente.

Serán beneficiarios de la pensión a favor de familiares los consanguíneos del causante que reúnan las condiciones siguientes:

— los nietos y hermanos, huérfanos de padre y madre, varones o mujeres, siempre que en la fecha del fallecimiento sean menores de 18 años o inválidos absolutos para todo trabajo antes de cumplir dicha edad; o bien los mayores de 18 años que tengan reducida su capacidad de trabajo en un porcentaje valorado en grado de incapacidad permanente absoluta o gran invalidez; o bien los menores de 22 años cuando no efectúan un trabajo lucrativo o cuando, realizándolo, los ingresos que obtengan, en cómputo anual, no superen el límite del 75 % del salario mínimo interprofesional que se fije en cada momento, también en cómputo anual;
— la madre y abuelas, viudas o solteras, o casadas cuyo marido sea mayor de 60 años o esté incapacitado para el trabajo, separadas judicialmente o divorciadas;
— el padre y abuelos que tengan cumplidos 60 años de edad o estén incapacitados para todo trabajo;
— los hijos y hermanos de pensionistas de jubilación o incapacidad permanente, ambas en su modalidad contributiva, o de aquellos trabajadores que al fallecer reunían los requisitos para el reconocimiento del derecho a pensión de jubilación o de incapacidad permanente (cuyo expediente de incapacidad permanente se encontrara pendiente de resolución), varones o mujeres mayores de 45 años, que estén solteros, viudos, separados judicialmente o divorciados, siempre que acrediten dedicación prolongada al cuidado del causante.

Requisitos

Para tener derecho a las prestaciones a favor de familiares, los beneficiarios han de cumplir los requisitos siguientes:

- convivir con el causante por lo menos con dos años de antelación a su fallecimiento o desde la muerte del familiar con el que convivieran, si esta hubiera ocurrido dentro de dicho periodo;
- depender económicamente respecto del causante;
- carecer de medios de fortuna propios y de familiares con obligación y posibilidad de prestarles alimentos: cónyuge, ascendientes, descendientes y, en menor grado, hermanos;
- no tener derecho a pensión del Estado, provincia o municipio, ni a otra prestación periódica de la Seguridad Social.

Beneficiarios de la pensión a favor de familiares de la Seguridad Social

Serán beneficiarios de la pensión los familiares siguientes que, habiendo convivido y dependido económicamente del causante con una antelación mínima de dos años a la fecha de fallecimiento, no tengan derecho a otra pensión pública, carezcan de medios de subsistencia y acrediten los requisitos establecidos:

- nietos, nietas, hermanos y hermanas;
- madre y abuelas;
- padre y abuelos;
- hijos, hijas, hermanos y hermanas de pensionistas de jubilación o incapacidad permanente.

Cuantía

La cuantía de la pensión a favor de familiares será, para cada uno de ellos, la equivalente al 20 % de la base reguladora del causante, con el límite máximo establecido; en el caso de que este fuera pensionista, la pensión se incrementará con las mejoras y revalorizaciones habidas desde que se causó la pensión del fallecido.

Cuando existan varios beneficiarios, la suma de las cuantías de las prestaciones por muerte y supervivencia no puede exceder del 100 % de la base reguladora que corresponda. Esta limitación se aplicará a la cuantía inicial, pero no afectará a las revalorizaciones periódicas que procedan en lo sucesivo.

A efectos de esta limitación, las pensiones de orfandad tienen preferencia sobre las «pensiones» en favor de otros familiares y, por lo que respecta a estas, el orden de preferencia es el siguiente:

— nietos y hermanos, menores de 18 años o mayores incapacitados, del causante;
— padre y madre del causante;
— abuelos y abuelas del causante;
— hijos y hermanos del pensionista de jubilación o incapacidad permanente, en su modalidad contributiva, mayores de 45 años y que reúnan los demás requisitos establecidos.

La limitación del 100% de la base reguladora no impedirá el reconocimiento del «subsidio temporal» en favor de familiares, ya que este no se ve afectado por el citado límite.

Si a la muerte del causante no quedase cónyuge superviviente, ni hijos, nietos o hermanos con derecho a pensión, el porcentaje para determinar la pensión de los ascendientes se incrementará con el porcentaje (52%) de viudedad, que, de ser varios, se distribuirá entre ellos.

En el caso de que el fallecimiento derive de accidente de trabajo o enfermedad profesional y los ascendientes estuviesen a cargo del fallecido, siempre que no existan otros familiares con derecho a pensión ni los propios ascendentes tengan derecho a ella, se concede a estos una indemnización especial a tanto alzado.

Esta indemnización especial consiste en nueve mensualidades de la base reguladora, si se trata de un ascendiente, o doce mensualidades si se trata de ambos.

Por otra parte, si a la muerte del causante no quedase cónyuge sobreviviente ni tampoco hijos que tengan derecho a pensión, o cuando el cónyuge sobreviviente con derecho a pensión de viudedad falleciese estando en el disfrute de la misma sin que queden huérfanos beneficiarios, la pensión correspondiente a los nietos y hermanos se incrementará con el porcentaje (52%) de la viudedad, que, en el caso de que fuesen varios, se prorrateará entre los nietos y hermanos.

Compatibilidades

Es compatible con las pensiones de viudedad y orfandad causadas por el mismo sujeto.

La realización de trabajos por parte del nieto y hermano menor de 22 años produce los mismos efectos suspensivos que los indicados en la pensión de orfandad.

Es incompatible con el percibo por el beneficiario de otras pensiones públicas, así como con ingresos de cualquier naturaleza que superen, en cómputo anual, la cuantía del salario mínimo interprofesional vigente en cada momento, también computada anualmente.

A partir del día 1 de enero de 2004, si el causante no se encontrase en alta o en situación asimilada a la de alta en la fecha del fallecimiento, será incompatible con el reconocimiento de otra pensión en favor de familiares en cualquiera de los regímenes de la Seguridad Social, salvo que las cotizaciones acreditadas en cada uno de los regímenes se superpongan, al menos, durante 15 años.

Extinción

La pensión a favor de nietos y hermanos se extingue por las mismas causas que la pensión de orfandad.

En cuanto a la pensión a favor de ascendientes, hijos y hermanos, esta se extingue por fallecimiento de los mismos o por contraer matrimonio o tomar estado religioso, así como por comprobarse que no falleció el trabajador desaparecido en accidente.

Subsidio temporal a favor de hijos y hermanos

Tendrán derecho al subsidio temporal a favor de familiares los hijos y hermanos del fallecido en quienes concurran las siguientes circunstancias: que sean mayores de 18 años, solteros, viudos, separados judicialmente o divorciados, que sin acreditar las condiciones para ser pensionistas reúnan los requisitos exigidos:

— que hayan convivido con el causante, y a sus expensas, desde dos años antes, por lo menos, a la fecha del fallecimiento;
— que no tengan derecho a pensión alguna del Estado, provincia o municipio o prestación periódica de la Seguridad Social;
— que carezcan de medios de subsistencia y de familiares obligados y con posibilidad de prestarles alimentos.

La cuantía del subsidio temporal será del 20% de la base reguladora del causante y tendrá una duración máxima de 12 mensualidades.

Por otra parte, el causante que al fallecer se encontrase en activo o en situación asimilada al alta deberá haber cubierto un periodo de cotización de 500 días dentro de los cinco años anteriores a la muerte, si esta se produce por enfermedad común.

Cuantía

La cuantía del subsidio temporal será del 20% de la base reguladora del causante y tendrá una duración máxima de 12 mensualidades.

Prestaciones familiares por hijo o menor acogido a cargo

> Consiste en una asignación económica que se reconoce por cada hijo a cargo del beneficiario, menor de 18 años o mayor afectado de una minusvalía en grado igual o superior al 65%, sea cual sea su filiación, así como por los menores acogidos en acogimiento familiar, permanente o preadoptivo, siempre que no se supere el límite de ingresos establecido.
>
> Se considera hijo o menor acogido a cargo a aquel que viva con el beneficiario y a sus expensas, siempre que sea menor de 18 años o, siendo mayor de esa edad, esté afectado de una minusvalía igual o superior al 65%.

La protección de la familia se contempla en el Sistema de Seguridad Social a través de las prestaciones familiares por hijo o por menor acogido a cargo.

Estas prestaciones son:

— una asignación económica, contributiva y no contributiva, para cada hijo menor de 18 años o afectado de una disminución igual o superior al 65%, a cargo del beneficiario y con independencia de la naturaleza legal de su filiación;
— la consideración como periodo de cotización efectivo del primer año, con reserva del puesto de trabajo, del periodo de excedencia de los trabajadores para atender a cada hijo.

En su modalidad contributiva, están dentro de la acción protectora del Régimen General y los Regímenes Especiales de la Seguridad Social. En su modalidad no contributiva, el derecho a estas prestaciones se extiende a todos los ciudadanos en situación de necesidad, aun cuando no hayan cotizado nunca o no el tiempo suficiente para alcanzar las prestaciones de nivel contributivo.

Prestaciones económicas por hijo o menor acogido a cargo

Hijo a cargo es aquel que vive con el beneficiario y a sus expensas.

Se considera hijo o menor acogido a cargo aquel que conviva con el beneficiario y a sus expensas, siempre que sea menor de 18 años o, siendo mayor de esa edad, esté afectado por una minusvalía igual o superior al 65 %, sea cual sea la naturaleza legal de su filiación.

Aunque haya convivencia, no se considerará a cargo el hijo que trabaje por cuenta propia o ajena o sea perceptor de una pensión contributiva distinta de la pensión de orfandad.

No se considerará a cargo el hijo que trabaje o perciba una pensión contributiva distinta de la pensión de orfandad.

Si los hijos no viven con el beneficiario, este deberá acreditar que están a su cargo.

No rompe la convivencia la separación transitoria motivada por razón de estudios, trabajo, tratamiento médico, rehabilitación u otras causas similares.

No se perderá la condición de hijo o menor acogido a cargo por el mero hecho de realizar un trabajo lucrativo, por cuenta ajena o propia, siempre que se cumpla la condición de que este continúe conviviendo con el beneficiario de la prestación y que los ingresos anuales en concepto de rendimientos del trabajo no superen el 75 % del salario mínimo interprofesional, en cómputo anual.

Se mantendrá tal condición aunque la afiliación del hijo o menor acogido como trabajador suponga su encuadramiento en un régimen de Seguridad Social distinto a aquel en el que esté afiliado el beneficiario de la prestación.

Beneficiarios

1. En los casos de convivencia familiar del padre y la madre si sólo uno de ellos reúne los requisitos para ser beneficiario, será este quien perciba la asignación; si ambos reúnen los requisitos para ser beneficiarios por un mismo causante, será beneficiario uno de ellos, de común acuerdo. Se presume que existe este cuando la prestación se solicite por uno de los padres. Si no existe acuerdo, lo que deberá comunicarse de forma expresa, se aplicarán las reglas que, en cuanto a la patria potestad y guarda, establece el Código Civil.

En los supuestos de separación o divorcio, los ingresos anuales a computar serán únicamente los del padre o la madre a cuyo cargo se encuentre el menor.

2. En los supuestos de separación judicial o divorcio, será beneficiario el padre o la madre por los hijos o menores acogidos que tenga a su cargo, aunque se trate de persona distinta a aquella que tenía reconocida la prestación antes de producirse la separación judicial o divorcio, siempre que quien los tenga a su cargo no supere los límites de ingresos anuales que están establecidos.

3. En los casos de huérfanos de padre y madre o de quienes, no siendo huérfanos, hayan sido abandonados por sus padres, la asignación se hará efectiva a los representantes legales del menor o minusválido incapacitado judicialmente, en tanto cumplan con la obligación de mantenerlo y educarlo.

Requisitos económicos

En los casos en que el hijo o menor acogido tenga la condición de minusválido, sea cual sea su edad, no afecta el nivel de ingresos para el reconocimiento del derecho.

Cuando se trate de hijos o menores acogidos que sean menores de 18 años no minusválidos, el reconocimiento del derecho a la cuantía de la asignación dependerá del nivel de ingresos.

En los supuestos de convivencia del padre y de la madre, así como en los que el acogimiento familiar, permanente o preadoptivo, se haya constituido por dos personas que forman una misma unidad familiar, los ingresos anuales de ambos se computan conjuntamente. Se presume que existe convivencia, salvo prueba en contrario, siempre que no medie separación judicial o divorcio.

En los supuestos de separación o divorcio, los ingresos anuales a computar serán únicamente los del padre o la madre a cuyo cargo se encuentre el menor.

Se consideran ingresos o rentas computables cualesquiera bienes y derechos, derivados tanto del trabajo como del capital, así como los de naturaleza prestacional.

Cuando el beneficiario disponga de bienes, muebles o inmuebles, se tendrán en cuenta sus rendimientos efectivos. Si no existen tales rendimientos, se valorarán según las normas establecidas para el Impuesto sobre la Renta de las Personas Físicas.

Cuantía de la asignación

La cuantía de la asignación, en cómputo anual, depende de la calificación del hijo como minusválido o no.

El abono se realiza sin pagas extraordinarias, de la siguiente forma:

— semestralmente, en enero y julio, cuando se trata de asignaciones por menores de 18 años;
— mensualmente, a mes vencido, cuando se trata de hijos minusválidos mayores de 18 años.

La cuantía de la asignación económica durante el año 2006 será:

— menores de 18 años: 291 euros anuales;
— menores de 18 años con una minusvalía igual o superior al 33%: 581,64 euros anuales;
— mayores de 18 años con una minusvalía igual o superior al 65%: 3.618,60 anuales (301,55 euros mensuales);
— mayores de 18 años con una minusvalía igual o superior al 75%: 5.427,96 euros anuales (452,33 euros mensuales).

Concurrencia de hijos no minusválidos y minusválidos

Si concurren en un mismo beneficiario hijos no minusválidos e hijos minusválidos, el reconocimiento del derecho a la asignación económica (íntegra o por diferencias) por los hijos no minusválidos, así como la cuantía exacta de la percepción, se determinará sin tener en cuenta a los hijos minusválidos en un 65 % o más.

Incompatibilidades

La prestación económica por hijo a cargo es incompatible con la percepción por parte del padre o de la madre de otra prestación análoga establecida en otros regímenes de protección social.

En el supuesto de que en el padre y en la madre concurran las circunstancias necesarias para tener la condición de beneficiarios de una prestación económica por hijo a cargo, el derecho a percibirla solamente podrá ser reconocido a favor de uno de ellos.

La asignación económica por hijo a cargo minusválido también es incompatible con la condición, por parte de este, de ser pensionista de invalidez o jubilación en su modalidad no contributiva.

Efectos económicos

Tanto en los supuestos de reconocimiento inicial del derecho a la asignación económica por hijo a cargo como en los de modificaciones en su contenido que impliquen un aumento en la cuantía, la fecha que ha de tenerse en cuenta para fijar el trimestre a partir del cual se producirán los efectos económicos será exclusivamente la de presentación de la solicitud.

Pago

La prescripción económica por hijo a cargo es abonada directamente por el Instituto Nacional de la Seguridad Social con la siguiente periodicidad:

— semestral: cuando se trata de asignaciones por tener hijos menores de 18 años, sean o no minusválidos;
— mensual: cuando se trata de asignaciones familiares por tener hijos minusválidos mayores de 18 años y con un grado de minusvalía igual o superior al 75 %

Prestación de hijos o menores acogidos a cargo

El abono se realiza sin pagas extraordinarias, de la siguiente forma:

- semestralmente, en enero y julio, cuando se trata de asignaciones por menores de 18 años;
- mensualmente, a mes vencido, cuando se trata de hijos minusválidos mayores de 18 años.

Prestaciones no económicas por hijo a cargo

Consiste en considerar como periodo de cotización efectiva el primer año de excedencia que, por razón del cuidado de cada hijo, puede disfrutar el padre o la madre.

Para esta prestación, se considerará hijo a cargo al menor de tres años, con independencia de que su filiación sea por naturaleza o por adopción. Se consideran beneficiarios todos los trabajadores por cuenta ajena afiliados a la Seguridad Social, por considerar esta como periodo cotizado de forma efectiva el primer año de excedencia del padre o de la madre por disfrutar de cada hijo.

A diferencia de las prestaciones económicas por hijo a cargo, en el supuesto de la prestación no económica por hijo a cargo, se entenderán excluidos los trabajadores por cuenta propia de los Regímenes Especiales agrario y de trabajadores del mar, así como los pertenecientes al campo de aplicación del Régimen Especial de trabajadores por cuenta propia o autónomos.

Prestación por desempleo. Nivel contributivo

> La prestación por desempleo de nivel contributivo se percibe tras la pérdida involuntaria de un empleo en función de las cotizaciones realizadas durante los periodos trabajados.
> Además de percibir una prestación económica mensual, la protección incluye la cotización a la Seguridad Social por jubilación, incapacidad temporal, invalidez, muerte y supervivencia, protección a la familia y asistencia sanitaria.
> La prestación económica se complementa con acciones de formación e inserción laboral gestionadas por los Servicios Públicos de Empleo de las comunidades autónomas o por el INEM.

Esta prestación protege la situación de desempleo de quienes, pudiendo y queriendo trabajar, pierdan su empleo de forma temporal (por suspensión del contrato) o definitiva (por extinción del contrato) o vean reducida temporalmente su jornada ordinaria de trabajo, al menos en una tercera parte, con la correspondiente pérdida o reducción análoga de salario.

La prestación por desempleo protege a quienes pierdan su empleo o vean reducida temporalmente su jornada de trabajo.

Para el acceso a la misma se requiere, además de cumplir los requisitos que más adelante se indican, la cotización previa del trabajador a la Seguridad Social por esta contingencia, dado que su financiación se efectúa por las cotizaciones de los trabajadores y empresarios y la aportación del Estado.

Situaciones protegidas

Se considera protegida la situación de desempleo de quienes, pudiendo y queriendo trabajar, pierdan su empleo de forma temporal o definitiva, o vean reducida temporalmente, al menos en una tercera parte, su jornada laboral.

Esta pérdida de empleo puede acontecer por expediente de regulación de empleo, con la correspondiente pérdida o reducción análoga de salarios, por algunas de las causas establecidas como situaciones legales de desempleo.

Beneficiarios

Podrán ser beneficiarios de esta prestación por desempleo, siempre que se encuentren en alguna de las situaciones legales de desempleo establecidas, tengan el periodo mínimo de cotización exigido por esta contingencia y no se encuentren en alguna de las situaciones de incompatibilidad, los colectivos que a continuación se indican:

— trabajadores por cuenta ajena incluidos en el Régimen General de la Seguridad Social;
— trabajadores por cuenta ajena incluidos en los Regímenes Especiales de la Seguridad Social que protegen la contingencia de desempleo, con las peculiaridades que reglamentariamente se establezcan (jugadores de fútbol profesional, toreros, artistas, representantes de comercio, ciclistas, etc.);
— el personal contratado en régimen de derecho administrativo y también los funcionarios de empleo al servicio de las Administraciones Públicas.

Están excluidos los trabajadores por cuenta propia, los empleados de hogar, los contratados mediante un contrato para la formación y los trabajadores agrícolas eventuales.

Están excluidos los trabajadores por cuenta propia, los empleados de hogar, los contratados mediante un contrato para la formación y los trabajadores agrícolas eventuales.

Contenido de la prestación por desempleo

Esta prestación por desempleo incluye:

— la prestación económica por desempleo total o parcial;
— el abono de parte de la cotización a la Seguridad Social durante la percepción de la prestación por desempleo.

La acción protectora comprenderá, además, acciones específicas de formación, perfeccionamiento, orientación, reconversión e inserción profesionales a favor de los trabajadores desempleados, y aquellas otras que tengan por objeto el fomento del empleo estable.

Para el nacimiento del derecho a las prestaciones se requiere:

a) Estar afiliado y en situación de alta o asimilada al alta en la Seguridad Social en un régimen que contemple la contingencia por desempleo. Son situaciones asimiladas al alta:

— la excedencia forzosa por elección de cargo público o sindical;
— el servicio militar o la prestación social sustitutoria;
— el traslado o desplazamiento al extranjero;
— el retorno de los trabajadores emigrantes;
— la invalidez provisional;
— la liberación por cumplimiento de condena o libertad incondicional;
— los trabajadores fijos discontinuos que no sean llamados al reiniciarse la actividad correspondiente;
— la excedencia por cuidado de los hijos.

b) Tener cubierto el periodo mínimo de cotización de 360 días dentro de los seis años anteriores a la situación legal de desempleo o al momento en que cesó la obligación de cotizar.

c) Estar en una de las situaciones legales de desempleo cuando se extinga la relación laboral:

— extinción de la relación laboral por expediente de regulación de empleo;

- extinción de la relación laboral o despido por jubilación, muerte o incapacidad del empresario;
- despido improcedente por conciliación administrativa, por conciliación judicial o por sentencia;
- despido procedente;
- despido nulo;
- despido por causas objetivas;
- extinción de la relación laboral por traslado del trabajador que exija cambio de residencia;
- extinción de la relación laboral debido a una modificación de las condiciones de trabajo;
- extinción por alguna de las causas del artículo 50 del Estatuto de los Trabajadores;
- por finalizar el contrato;
- fin del periodo de prueba;
- por invalidez permanente total;
- extinción de la relación administrativa.

No se considerarán situaciones legales de desempleo las que se presentan a continuación:

- el cese voluntario;
- cuando se produzca un despido y no se reclame contra la decisión empresarial;
- cuando tras un despido se le notifique al trabajador la fecha de reincorporación y este no se reincorpore;
- cuando no se solicite el reingreso a la empresa en los casos y plazos que están establecidos.

El cese voluntario no tiene la consideración de situación legal de desempleo.

d) No haber cumplido la edad de 65 años, con la excepción de que no se hubiera acreditado el periodo mínimo de cotización que se exige para tener derecho a la jubilación, o bien se trate de supuestos de suspensión de la relación laboral o reducción de jornada autorizados mediante expediente de regulación de empleo.

Requisitos para el nacimiento del derecho a las prestaciones

La solicitud debe presentarse dentro de los 15 días hábiles siguientes a la situación legal de desempleo.

El derecho a la prestación contributiva nace al día siguiente de la situación legal de desempleo siempre que se haya producido la inscripción como demandante de empleo y se solicite en el plazo de los 15 días hábiles siguientes a la situación legal de desempleo, o del retorno del extranjero, o de la excarcelación.

En el caso de que el periodo correspondiente a las vacaciones anuales retribuidas no haya sido disfrutado con anterioridad a la finalización de la relación laboral, la situación legal de desempleo y el nacimiento de las prestaciones se producirán una vez transcurrido dicho periodo, que deberá constar en el certificado de empresa, considerándose como periodo cotizado a efectos de duración de las prestaciones por desempleo, y en situación asimilada al alta. En caso de despido o extinción de la relación laboral, la decisión del empresario de extinguir dicha relación se entenderá por sí misma y sin necesidad de impugnación como causa de situación legal de desempleo. El ejercicio de la acción contra el despido o extinción no impedirá que se produzca el nacimiento del derecho a la prestación.

Cuando el despido sea considerado improcedente y se opte por el abono de la indemnización, el trabajador continuará percibiendo las prestaciones de desempleo o comenzará a percibirlas con efectos desde la fecha del cese.

En las resoluciones recaídas en procedimientos de despido o extinción del contrato de trabajo, cuando, como consecuencia de la reclamación o el recurso, el despido sea considerado improcedente y se opte por el abono de la indemnización, el trabajador continuará percibiendo las prestaciones de desempleo o, si no las estuviera percibiendo, comenzará a percibirlas con efectos desde la fecha del cese.

Duración de la prestación por desempleo

La duración de la prestación por desempleo dependerá de los periodos de ocupación cotizada en los seis años anteriores a la situación legal de desempleo o al momento en que cese la obligación de cotizar, con arreglo a la siguiente escala:

Periodo de ocupación cotizada en los seis últimos años	Duración de la prestación
Desde 360 hasta 539 días	120 días
Desde 540 hasta 719 días	180 días
Desde 720 hasta 899 días	240 días
Desde 900 hasta 1.079 días	300 días
Desde 1.080 hasta 1.259 días	360 días
Desde 1.260 hasta 1.439 días	420 días
Desde 1.440 hasta 1.619 días	480 días
Desde 1.620 hasta 1.799 días	540 días
Desde 1.800 hasta 1.979 días	600 días
Desde 1.980 hasta 2.159 días	660 días
Desde 2.160 días	720 días

La duración de la prestación por desempleo depende de los periodos de ocupación cotizada en los seis años anteriores a la situación legal de desempleo o al momento en que cese la obligación de cotizar.

Sólo se tendrán en cuenta las cotizaciones que no hayan sido computadas para el reconocimiento de un derecho anterior, tanto de nivel contributivo como asistencial.

Para poder optar entre dos derechos es preciso que se haya extinguido el derecho que se tuviera reconocido. Cuando se opte, las cotizaciones tenidas en cuenta para el reconocimiento del derecho por el que no se haya optado no podrán computarse para otro derecho posterior.

Para determinar el periodo mínimo de cotización de 360 días, se asimilan a cotizaciones el cierre patronal y la huelga legal. En los contratos a tiempo parcial cada día trabajado se computa como día cotizado, cualquiera que haya sido la duración de la jornada.

El periodo de seis años se atrasa por el tiempo equivalente a que el trabajador hubiera permanecido en alguna de las situaciones asimiladas al alta, salvo retornados y liberados de prisión que acrediten periodos trabajados en estas situaciones. Pueden totalizar periodos trabajados en el extranjero los nacionales del espacio económico europeo y de Australia.

Cuantía de la prestación

La cuantía de la prestación de desempleo contributiva deberá calcularse siempre en función de la base reguladora que tenga el trabajador. La base reguladora será el promedio de las bases de accidentes de trabajo y enfermedades profesionales, excluida la retribución por horas extraordinarias, por las que se haya cotizado durante los últimos 180 días precedentes a la situación legal de desempleo o al momento en que cesó la obligación de cotizar.

La base reguladora se calcula dividiendo por 180 la suma de las bases de cotización por la contingencia de desempleo (accidentes de trabajo) correspondientes a los últimos 180 días cotizados, cualquiera que haya sido la fecha en que se cotizaron, precedentes al día en que se haya producido la situación legal de desempleo o al momento en que cesó la obligación de cotizar.

La cuantía se determina aplicando el 70 % durante los 180 primeros días (seis primeros meses) y el 60 % a partir del día 181, hasta el final del periodo reconocido.

Cuando el trabajador no tenga hijos a su cargo el importe de la prestación no podrá ser inferior al 80 % del IPREM mensual vigente en el momento del nacimiento del derecho, incrementado en una sexta parte, siendo su importe de 438,48 euros/mes para prestaciones nacidas en el año 2005 y de 447,16 euros/mes para prestaciones nacidas en el año 2006.

Cuando el trabajador tenga al menos un hijo a su cargo el importe de la prestación no podrá ser inferior al 107 % del IPREM mensual vigente en el momento del nacimiento del derecho, incrementado en una sexta parte, siendo su importe de 586,46 euros/mes para prestaciones nacidas en el año 2005 y de 598,07 euros/mes para prestaciones nacidas en el año 2006.

Importe máximo de la prestación

El importe máximo de la prestación depende del número de hijos a cargo del beneficiario:

a) Cuando el trabajador no tenga hijos a su cargo será el 175 % del IPREM mensual vigente en el momento del nacimiento del derecho, incrementado en una sexta parte, siendo su importe de 959,17 euros/mes para prestaciones nacidas en el año 2005 y de 978,16 euros/mes para prestaciones nacidas en el año 2006.

b) Con hijos menores de 26 años a su cargo:

— con un hijo será el 200 % del IPREM mensual vigente en el momento del nacimiento del derecho, incrementado en una sexta parte, siendo su importe de 1.096,20 euros/mes para prestaciones nacidas en el año 2005 y de 1.117,90 euros/mes para prestaciones nacidas en el año 2006;
— con dos o más hijos será el 225 % del IPREM mensual vigente en el momento del nacimiento del derecho, incrementado en una sexta parte, siendo su importe de 1.233,22 euros/mes para prestaciones nacidas en el año 2005 y de 1.257,64 euros/mes para prestaciones nacidas en el año 2006.

A efectos de calcular las cuantías máxima y mínima de la prestación por desempleo se entenderá que se tienen hijos a cargo cuando estos sean menores de 26 años o mayores con una incapacidad en grado igual o superior al 33 %, carezcan de rentas de cualquier naturaleza iguales o superiores al salario mínimo interprofesional, excluida la parte proporcional de las pagas extraordinarias, y convivan con el beneficiario. No será necesaria la convivencia cuando el beneficiario declare que tiene obligación de alimentos en virtud de convenio o resolución judicial o que sostiene económicamente al hijo, y cuando lo requiera la entidad gestora, el beneficiario deberá aportar la documentación acreditativa que corresponda.

La carencia de rentas se presumirá en el caso de no realización de trabajo por cuenta propia, o por cuenta ajena cuya retribución sea igual o superior a la cuantía indicada. Siempre que la entidad gestora lo requiera, el solicitante deberá aportar la documentación acreditativa de inexistencia de otras fuentes de ingresos. Durante la percepción de la prestación por desempleo la cuantía máxima o mínima de la misma se adaptará al incremento o disminución de los hijos a cargo.

En el caso de desempleo por pérdida de un trabajo a tiempo parcial, el importe máximo y mínimo de la prestación se calculará aplicando a los importes máximos y mínimos establecidos el mismo porcentaje que suponga la jornada realizada sobre la habitual de la empresa.

> **Requisitos para acceder a la prestación de desempleo**
>
> - Estar afiliado y en situación de alta o asimilada al alta en la Seguridad Social en un régimen que contemple la contingencia por desempleo.
> - Encontrarse en situación legal de desempleo.
> - Acreditar disponibilidad para buscar activamente empleo y para aceptar una colocación adecuada y suscribir un compromiso de actividad. A estos efectos se entenderá por compromiso de actividad el que adquiera el solicitante o beneficiario de las prestaciones de buscar activamente empleo, aceptar una colocación adecuada y participar en acciones específicas de motivación, información, orientación, formación, reconversión o inserción profesional para incrementar su ocupabilidad, así como de cumplir las restantes obligaciones previstas para los trabajadores solicitantes y beneficiarios de prestaciones por desempleo. Para la aplicación de todo ello, el Servicio Público de Empleo competente tendrá en cuenta la condición de víctima de violencia de género, a efectos de atemperar, en caso necesario, el cumplimiento de las obligaciones que se deriven del compromiso suscrito.
> - Tener cubierto un periodo mínimo de cotización de doce meses dentro de los seis años anteriores a la situación legal de desempleo o al momento en que cesó la obligación de cotizar. El incumplimiento por parte del empresario de las obligaciones de afiliación, alta y cotización no impide que el trabajador obtenga su prestación por desempleo, y por ello la entidad gestora abonará las prestaciones sin perjuicio de las acciones que adopte contra la empresa infractora y la responsabilidad que corresponda a esta por las prestaciones reconocidas.
> - No haber cumplido la edad ordinaria que se exija en cada caso para causar derecho a la pensión de jubilación, salvo que el trabajador no tuviera derecho a ella por falta de acreditación del periodo de cotización requerido o se trate de supuestos de suspensión de la relación laboral o reducción de jornada autorizados por expediente de regulación de empleo.
> - No estar incluido en alguna de las causas de incompatibilidad.

Suspensión, reanudación y extinción del derecho a la prestación

Son causas de suspensión de la prestación durante un mes, salvo causa justificada, que el titular del derecho no comparezca, previo requerimiento, ante el INEM; que no renueve la demanda de empleo en la forma y fechas establecidas, y que no devuelva el volante de oferta en el plazo máximo de cinco días.

Además, la prestación también será suspendida cuando el titular se encuentre realizando el servicio militar o la prestación social sustitutoria o cumpliendo una condena que implique privación de libertad. En estos casos no se suspenderá el derecho si el titular acredita que tiene responsabilidades familiares y no disfruta de renta familiar alguna cuya cuantía exceda del salario mínimo interprofesional.

El derecho a la prestación queda en suspenso en los supuestos de traslado al extranjero para realizar un trabajo o perfeccionamiento profesional por un periodo inferior a seis meses.

Por último, también se considera causa de suspensión la realización de trabajos de duración inferior a 12 meses.

La realización de un trabajo o de varios cuya duración acumulada sea inferior a 12 meses (359 días) supone la suspensión en todo caso del derecho a la prestación que se venía percibiendo. Esta podrá ser reanudada previa solicitud del interesado y siempre que se acredite que ha finalizado el trabajo y que el cese en dichos trabajos ha sido involuntario.

La reanudación supone el derecho a percibir la prestación por el periodo que restaba y con las bases y tipos correspondientes al momento de la suspensión.

Las cotizaciones por desempleo intercurrentes que se efectúen en los periodos de suspensión de la prestación son computables para el reconocimiento de una nueva prestación por desempleo posterior.

Opción y reconocimiento de un nuevo derecho

La realización de un trabajo o de varios cuya duración acumulada sea igual o superior a 12 meses (360 días) supone la extinción de la prestación, siempre que no se haya reanudado el derecho entre ellos, en cuyo caso se produce la suspensión del derecho.

El derecho a la prestación queda en suspenso en los supuestos de traslado al extranjero para realizar un trabajo o perfeccionamiento profesional por un periodo inferior a seis meses. En otro caso, el traslado de residencia al extranjero supone la extinción del derecho. Se asimila a esta situación el traslado al extranjero por motivo de actividades de carácter altruista y humanitario. De este modo, cuando el derecho a la prestación se extinga por realizar un trabajo por cuenta ajena de duración igual o superior a doce meses, y se reconozca una nueva prestación por desempleo sin haber agotado la prestación anterior, el trabajador podrá optar, por escrito y en el plazo de diez días desde el reconocimiento de la prestación, entre reabrir el derecho inicial por el periodo que le restaba y las bases, porcentaje y topes que le correspondían o percibir la prestación generada por las nuevas cotizaciones efectuadas.

Si el trabajador opta por la prestación anterior, las cotizaciones que generaron la nueva prestación por la que no ha optado no podrán computarse para el reconocimiento de un derecho posterior.

Para tener derecho a la prestación contributiva, es preciso que se haya extinguido el anterior de nuevo y que el trabajador vuelva a encontrarse en situación legal de desempleo y reúna los requisitos que se exigen al respecto.

Régimen de incompatibilidades

La percepción de la prestación por desempleo es incompatible:

— con el trabajo retribuido por cuenta ajena a tiempo completo, en régimen laboral o administrativo, o con situaciones asimiladas que supongan la inclusión en cualquier régimen del Sistema de Seguridad Social, aunque no esté previsto cotizar por la contingencia de desempleo, salvo cuando esté establecida la compatibilidad en algún programa de fomento de empleo. Esta incompatibilidad se entenderá referida tanto al trabajo efectivo como a los periodos de vacaciones y de descanso retribuido;
— con el trabajo por cuenta propia, con independencia del número de horas que se dediquen a la actividad y de los resultados económicos obtenidos, aunque su realización no implique la inclusión obligatoria en alguno de los regímenes de Seguridad Social;
— con actividades de investigación o cooperación retribuidas que supongan dedicación exclusiva;

— con el ejercicio por elección o designación de cargos públicos o sindicales o altos cargos de la Administración, retribuidos, que supongan dedicación exclusiva;
— con las pensiones o prestaciones de carácter económico de la Seguridad Social, tanto de nivel contributivo como no contributivo, salvo que estas hubieran sido compatibles con el trabajo que originó la prestación por desempleo o se trate de pensión de jubilación parcial o prestaciones por hijo a cargo;
— con la situación retribuida de activado de los reservistas voluntarios que se incorporan a unidades, centros y organismos del Ministerio de Defensa para prestar servicio, desarrollar ejercicios de instrucción, adiestramiento o participar en cursos de formación o perfeccionamiento;
— por último, la prestación es incompatible con cualquier otra situación que implique el derecho a recibir percepciones económicas de carácter público como sustitutivas de las retribuciones dejadas de percibir por el cese en la actividad, manteniéndose un vínculo administrativo o laboral.

La percepción de la prestación por desempleo es incompatible con el trabajo retribuido por cuenta ajena a tiempo completo, en régimen laboral o administrativo, o con situaciones asimiladas.

Incapacidad temporal, maternidad y desempleo

Cuando el trabajador esté percibiendo la prestación por desempleo total y pase a la situación de maternidad, percibirá la prestación por esta última contingencia en la cuantía que corresponda.

El periodo de percepción de la prestación por desempleo no se ampliará por que el trabajador pase a la situación de incapacidad temporal o de maternidad.

Cuando el trabajador se encuentre en situación de incapacidad temporal y durante la misma se extinga su contrato seguirá percibiendo la prestación por incapacidad temporal en cuantía igual a la prestación por desempleo hasta que se extinga dicha situación, pasando entonces a la situación legal de desempleo, en el supuesto de que la extinción se haya producido por alguna de las causas previstas en el apartado 1 del artículo 208 de la Ley General de la Seguridad Social, y a percibir, si reúne los requisitos necesarios, la prestación por desempleo contributivo que le corresponda de haberse iniciado la percepción de la misma en la fecha de extinción del contrato de trabajo, o el subsidio por desempleo.

Cuando el trabajador se encuentre en situación de maternidad y durante la misma se extinga su contrato, por alguna de las causas previstas en el apartado 1 del artículo 208 de la Ley General de la Seguridad Social, seguirá percibiendo la prestación por maternidad hasta que se extinga dicha situación, pasando entonces a la situación legal de desempleo y a percibir, si reúne los requisitos necesarios, la correspondiente prestación.

Cuando el trabajador esté percibiendo la prestación de desempleo total y pase a la situación de incapacidad temporal que constituya recaída de un proceso anterior iniciado durante la vigencia de un contrato de trabajo, percibirá la prestación por esta contingencia en cuantía igual a la prestación por desempleo. En este caso, y en el supuesto de que el trabajador continuase en situación de incapacidad temporal una vez finalizado el período de duración establecido inicialmente para la prestación por desempleo, seguirá percibiendo la prestación de incapacidad temporal en la misma cuantía en la que la venía percibiendo.

Cuando el trabajador esté percibiendo la prestación de desempleo total y pase a la situación de incapacidad temporal que no constituya recaída de un proceso anterior iniciado durante la vigencia de un contrato de trabajo, percibirá la prestación por esta contingencia en cuantía igual a la prestación por desempleo.

Prestación por desempleo. Nivel asistencial

> La prestación por desempleo no contributiva se integra en un programa anual denominado de Renta Activa de Inserción (RAI), gestionado por el INEM con la colaboración de los Servicios Públicos de Empleo de las comunidades autónomas, de apoyo a la inserción laboral de colectivos con especiales dificultades para incorporarse al mercado de trabajo y en situación de necesidad económica. Conlleva el pago de una renta mensual y ayudas suplementarias en determinados supuestos que abona el Servicio Público de Empleo Estatal. La ayuda económica se complementa con asesoramiento individualizado para la búsqueda de empleo y acciones de formación e inserción laboral gestionadas por los Servicios Públicos de Empleo de las comunidades autónomas o por el INEM.

Pueden acogerse al subsidio de desempleo las siguientes personas:

a) Los parados que figuren inscritos como demandantes de empleo durante el plazo de un mes sin que hubiesen rechazado ninguna oferta de empleo adecuada ni se hubiesen negado a participar, salvo causa justificada, en acciones de promoción, formación o reconversión profesionales, y que, además, carezcan de rentas de cualquier naturaleza superiores en cómputo mensual al 75 % del salario mínimo interprofesional, excluida la parte proporcional de dos pagas extraordinarias, y se encuentren en alguna de las siguientes situaciones:

- haber agotado la prestación por desempleo y tener responsabilidades familiares;
- haber agotado un derecho a prestación por desempleo de 360 días de duración, por lo menos, carecer de responsabilidades familiares y, además, ser mayores de 45 años de edad en la fecha precisa del agotamiento;
- ser trabajadores emigrantes que, habiendo retornado del extranjero, no tengan derecho a la prestación por desempleo y hayan trabajado, como mínimo, seis meses en el extranjero desde su última salida de España;
- haber sido liberado de prisión y no tener derecho a la prestación por desempleo, siempre que la privación de libertad hubiera sido por tiempo superior a seis meses;
- haber sido declarados plenamente inválidos en el grado de incapacidad permanente parcial para la profesión habitual, como consecuencia de un expediente de revisión debido a mejoría de una situación de invalidez en los grados de incapacidad permanente total para la profesión habitual, incapacidad permanente absoluta para todo trabajo o gran invalidez.

b) También podrán ser beneficiarios del subsidio por desempleo los parados que, reuniendo los requisitos señalados en el primer párrafo, salvo el relativo al periodo de espera, se hallen en situación legal de desempleo y no tengan derecho a la prestación contributiva, por no haber cubierto el periodo mínimo de cotización, siempre que:

- hayan cotizado al menos tres meses y tengan responsabilidades familiares;
- hayan cotizado al menos seis meses, aunque carezcan de responsabilidades familiares.

c) Los trabajadores mayores de 50 años también podrán ser beneficiarios del subsidio por desempleo, aun cuando no tengan responsabilidades familiares, siempre que se encuentren en alguno de los supuestos contemplados en los apartados anteriores, hayan cotizado por desempleo al menos durante seis años a lo largo de su vida laboral y acrediten que, en el momento de la solicitud, reúnen todos los requisitos, salvo la edad, para acceder a cualquier tipo de pensión contributiva de jubilación en el Sistema de Seguridad Social.

d) Finalmente, también tendrán derecho a percibir el subsidio por desempleo los desempleados mayores de 45 años en la fecha en que hayan agotado un derecho a prestaciones por desempleo de 720 días de duración, que cumplan todos los requisitos anteriormente detallados, excepto el relativo al periodo de espera.

Rentas brutas o netas

Tanto en lo que se refiere al propio solicitante como para justificar la existencia de responsabilidades familiares a efectos de reconocimiento del subsidio, se consideran rentas brutas los rendimientos de trabajo, de capital inmobiliario, de Letras del Tesoro y otros activos financieros y capital mobiliario.

Se consideran rentas brutas los rendimientos de trabajo, de capital inmobiliario, de Letras del Tesoro y otros activos financieros y capital mobiliario.

Se consideran rentas netas los rendimientos de actividades profesionales, artísticas, empresariales o agrarias, así como los incrementos o disminuciones patrimoniales onerosos o lucrativos, los rendimientos regulares y los planes de pensiones. También se consideran rentas las prestaciones y subsidios, las pensiones de la Seguridad Social y otras rentas de cualquier naturaleza (becas de estudios, salarios sociales, etc.).

Responsabilidades familiares

Se entiende que se tienen responsabilidades familiares si se dan conjuntamente los dos requisitos siguientes:

— tener a cargo al menos una persona que sea el cónyuge o hijos menores de 26 años y que estos no perciban más del 75 % del salario mínimo interprofesional sin la asignación de dos pagas extraordinarias;

— que, además, la renta de la unidad familiar (incluidos todos los miembros, hasta los que perciban más del 75 % del salario mínimo), dividida por todos los miembros que componen la unidad familiar, sea inferior al 75 % del salario mínimo interprofesional.

Para que los dos requisitos citados se cumplan debe existir convivencia.

Las responsabilidades familiares deben concurrir en el momento del correspondiente hecho causante, con excepciones.

Las responsabilidades familiares deben concurrir en el momento del correspondiente hecho causante, excepto en el supuesto de hijos que nazcan dentro de los 300 días siguientes, en cuyo caso el nacimiento del hijo se considerará el hecho causante en sí.

Diversos supuestos de subsidio

Subsidio por desempleo por haber agotado las prestaciones contributivas con responsabilidades familiares

Son titulares del derecho los desempleados que, cumpliendo todos los requisitos señalados con carácter general, además, hayan agotado un derecho a prestación contributiva.

La duración de este subsidio depende de la edad del trabajador en la fecha del agotamiento de la prestación contributiva y de la duración de la misma.

Debe tenerse en cuenta lo siguiente:

— los menores de 45 años que hayan agotado un derecho a prestación por desempleo de cuatro meses recibirán un subsidio durante seis meses prorrogables por semestres hasta 18 meses;
— los menores de 45 años que agoten un derecho a prestación por desempleo de al menos cuatro meses recibirán un subsidio durante seis meses prorrogables por semestres hasta 24 meses;
— los mayores de 45 años que hayan agotado un derecho a prestación por desempleo de cuatro meses recibirán un subsidio durante seis meses prorrogables por semestres hasta 24 meses;

La duración del subsidio por desempleo por haber agotado las prestaciones contributivas, en el caso de personas con responsabilidades familiares, depende de la edad del trabajador en la fecha del agotamiento de la prestación contributiva y de la duración de la misma.

— los mayores de 45 años que hayan agotado un derecho a la prestación por desempleo entre seis y veintiún meses tendrán una duración del subsidio de seis meses prorrogables por periodos semestrales hasta 30 meses.

La cuantía del subsidio es del 75% del salario mínimo interprofesional vigente en cada momento que corresponda al trabajador, excluida una parte proporcional de dos pagas extraordinarias.

Subsidio de agotamiento de la prestación contributiva sin responsabilidades familiares

Son titulares los desempleados que lo soliciten y que, cumpliendo todos los requisitos señalados con carácter general, además:

— hayan agotado una prestación contributiva de al menos 12 meses de duración;
— hayan suscrito el compromiso de actividad;
— sean mayores de 45 años en la fecha de agotamiento de la prestación.

En el caso de subsidio por desempleo por haber agotado las prestaciones contributivas, cuando no se tienen responsabilidades, la duración es de seis meses.

La duración de este subsidio es de seis meses y la cuantía mensual del subsidio por desempleo es igual al 80% del IPREM: 383,28 euros/mes para el año 2006.

Además, a partir del 1 de enero de 2006, para los trabajadores fijos discontinuos mayores de 52 años se ingresará la cotización por la contingencia de jubilación durante todo el periodo de percepción del subsidio. Asimismo, se tiene derecho a acciones específicas de formación, perfeccionamiento, orientación, reconversión e inserción profesional a favor de los trabajadores desempleados, y aquellas otras que tengan por objeto el fomento del empleo estable.

Subsidio de quienes no tienen cubierto el periodo mínimo de cotización

Requisitos para acceder al subsidio por desempleo

— Estar desempleado y en situación legal de desempleo;
— inscribirse como demandante de empleo en el plazo de 15 días desde la situación legal de desempleo y suscribir el compromiso de actividad;
— tener cotizados, en un régimen de la Seguridad Social que contemple la contingencia de desempleo, al menos tres meses, si se tienen responsabilidades familiares, o seis meses, si no se tienen, y no tener cubierto el periodo mínimo de cotización para tener derecho a prestación contributiva;
— carecer de rentas, de cualquier naturaleza, superiores al 75 % del salario mínimo interprofesional, excluidas las pagas extraordinarias;

Si el trabajador tuviera derecho al subsidio por desempleo para trabajadores mayores de 52 años percibiría este.

Duración

Está determinada en función del número de meses cotizados y si se tienen o no responsabilidades familiares.

En el caso de que el trabajador tenga responsabilidades familiares, la duración será de tres, cuatro o cinco meses, si ha cotizado tres, cuatro o cinco meses, respectivamente, o bien de veintiún meses, si ha cotizado seis meses o más (en este supuesto, el derecho se reconocerá por seis meses, prorrogables por iguales periodos, hasta su duración final).

En el caso de que el trabajador no tenga responsabilidades familiares, la duración será de seis meses si ha cotizado seis meses o más.

La duración del subsidio en el caso de trabajadores fijos discontinuos será equivalente al número de meses cotizados por desempleo en el año anterior a la solicitud.

Cuando se reconozca el derecho en estos supuestos, las cotizaciones que sirvieron para el nacimiento del subsidio no podrán ser tenidas en cuenta para el reconocimiento de un nuevo derecho a prestación de nivel contributivo o asistencial.

Contenido y cuantía del subsidio

La cuantía mensual del subsidio por desempleo es igual al 80% del IPREM: 383,28 euros/mes para el año 2006.

En el caso de que el trabajo anterior fuera a tiempo parcial, la cuantía del subsidio se percibirá en proporción a la jornada de trabajo que hubiera efectuado el trabajador, y la base de la cotización a la Seguridad Social estará en la misma proporción.

Con independencia de lo previsto en el párrafo anterior, en los casos de percepción del subsidio de desempleo por trabajadores fijos discontinuos, si el beneficiario ha acreditado, a efectos del reconocimiento del subsidio, un periodo de ocupación cotizada de 180 días o más, la entidad gestora ingresará también las cotizaciones a la Seguridad Social correspondientes a la contingencia de jubilación durante un periodo de 60 días, a partir de la fecha en que se genere el derecho a percibir subsidio por desempleo.

Asimismo, se tiene derecho a acciones específicas de formación, perfeccionamiento, orientación, reconversión e inserción profesional a favor de los trabajadores desempleados, y aquellas otras que tengan por objeto el fomento del empleo estable.

Subsidio para trabajadores de 52 años

Los trabajadores mayores de 52 años que se encuentren desempleados y hayan cotizado por desempleo al menos seis años a lo largo de su vida laboral pueden percibir un subsidio.

Son titulares del derecho los desempleados que lo soliciten y que, reuniendo todos los requisitos señalados con carácter general, cumplan otros. Es necesario que estos desempleados sean mayores de 52 años en la fecha de la solicitud, se encuentren en alguno de los supuestos detallados con anterioridad y hayan cotizado por desempleo al menos seis años a lo largo de su vida laboral.

La duración del subsidio es de seis meses, prorrogables por otros dos periodos de igual duración, hasta un máximo de 18 meses.

La cuantía mensual del subsidio por desempleo es igual al 80 % del IPREM: 383,28 euros/mes para el año 2006.

Si el trabajador tiene derecho a percibir el subsidio para mayores de 52 años y reúne también los requisitos para acceder al subsidio especial, percibirá el subsidio de mayores de 52 años. Sin embargo, durante los seis primeros meses, la cuantía de este subsidio será la que corresponda al subsidio especial según las responsabilidades familiares del trabajador.

A los efectos de acreditar la cotización por desempleo de al menos seis años a lo largo de la vida laboral, requisito para el acceso al subsidio, sirven las cotizaciones efectuadas por desempleo en un país extranjero, siempre que con este exista convenio de totalización de periodos cotizados por desempleo, cuestión que únicamente se cumple con los países de la Unión Europea y con Australia.

Subsidio especial

Son titulares del derecho los desempleados que lo soliciten y que, reuniendo todos los requisitos señalados con carácter general, además sean mayores de 45 años en la fecha de agotamiento de la prestación contributiva y hayan agotado un derecho de prestación de nivel contributivo de 24 meses de duración. Para acceder a este tipo de subsidio no es necesario el mes de espera. Su duración es de seis meses.

Dinámica del derecho

El derecho al subsidio nace a partir del día siguiente al mes de espera o tras un plazo de tiempo idéntico, desde el agotamiento del subsidio especial para mayores de 45 años, salvo en los siguientes supuestos:

— el subsidio por insuficiente cotización nace a partir del día siguiente al de la situación legal de desempleo, excepto en los despidos procedentes, para los que hace falta cumplir un plazo de espera de tres meses;

— el subsidio especial para trabajadores mayores de 45 años que hayan agotado una prestación contributiva de 720 días nace a partir del día siguiente del agotamiento de la misma.

Para tener derecho a ellos es necesario que se soliciten dentro de los 15 días siguientes de las fechas antes señaladas. En el supuesto de solicitud fuera de plazo, el derecho nace al día siguiente de la solicitud y se reduce su duración en tantos días como hayan transcurrido entre la fecha en que hubiera tenido lugar el nacimiento del derecho, de haberse solicitado en tiempo y forma, y aquella en que efectivamente se hubiera solicitado.

Las causas de suspensión y extinción del subsidio por desempleo son las mismas y producen los mismos efectos que los señalados en las prestaciones del nivel contributivo.

La cuantía mensual del subsidio por desempleo se determinará en función del número de cargas familiares:

— con un familiar o ninguno a su cargo: el 80 % del IPREM (383,28 euros/mes para el año 2006);
— con dos familiares a su cargo: el 107 % del IPREM (512,64 euros/mes para el año 2006);
— con tres o más familiares a su cargo: el 133 % del IPREM (637,20 euros/mes para el año 2006).

Los trabajadores fijos discontinuos no pueden percibir el subsidio especial durante los periodos de interrupción de la actividad intermitente o de temporada mientras mantengan dicha condición.

Cuando pierdan la condición de fijos discontinuos por extinguirse la relación laboral de forma definitiva a partir del día 1 de julio de 2006 podrán percibir este subsidio especial si reúnen todos los requisitos antes señalados. También podrán percibir un subsidio especial si se extingue la relación laboral de fijos discontinuos en fecha posterior al 1 de julio de 2006 y reúnen los siguientes requisitos:

— estar desempleados;
— estar inscritos como demandante de empleo y suscribir el compromiso de actividad;

— carecer de rentas, de cualquier naturaleza, superiores al 75% del salario mínimo interprofesional, excluida la parte proporcional de las pagas extraordinarias;
— haber agotado una prestación contributiva de cualquier duración;
— ser mayores de 45 años en la fecha de solicitud;
— haber cotizado como fijos discontinuos durante al menos nueve años.

Si el trabajador tuviera derecho al subsidio por desempleo para trabajadores mayores de 52 años percibiría este.

Incompatibilidades

Este subsidio es incompatible con el trabajo por cuenta propia y con el trabajo por cuenta ajena, salvo que este sea a tiempo parcial, en cuyo caso se deduce del importe del subsidio la parte proporcional al tiempo trabajado, y siempre que los rendimientos por este trabajo a tiempo parcial no superen el 75% del salario mínimo interprofesional sin la prorrata de dos pagas extraordinarias. Asimismo, es incompatible con pensiones o prestaciones de la Seguridad Social, salvo que estas fueran compatibles con el trabajo que originó la prestación, aunque hay que tener en cuenta el límite señalado.

Regímenes Especiales de la Seguridad Social

> El Sistema de Seguridad Social se integra por el Régimen General y los diversos Regímenes Especiales.
> Los Regímenes Especiales se establecen en aquellas actividades profesionales en las que, por su naturaleza, sus peculiares condiciones de tiempo y lugar o la índole de sus procesos productivos, se hace preciso tal establecimiento para la adecuada aplicación de los beneficios de la Seguridad Social.

El sistema español de la Seguridad Social se compone del Régimen General y de un conjunto de Regímenes Especiales.

Los Regímenes Especiales que existen en la actualidad son:

Los Regímenes Especiales de la Seguridad Social se establecen en aquellas actividades en las que, por su naturaleza o condiciones, sean necesarios para la aplicación de los beneficios de la Seguridad Social.

— Régimen Especial de trabajadores autónomos;
— Régimen Especial agrario;
— Régimen Especial de trabajadores del mar;
— Régimen Especial de empleados del hogar;
— Régimen Especial de la minería del carbón.

Con anterioridad al 1 de enero de 1987 existían, además de los indicados, los Regímenes Especiales de trabajadores ferroviarios, jugadores de fútbol, representantes de comercio, toreros y artistas, que se integraron en el Régimen General, y el Régimen de escritores, que se integró en el de trabajadores autónomos.

Prestaciones de la Seguridad Social y de los Regímenes Especiales

Asistencia sanitaria

La asistencia sanitaria en los Regímenes Especiales de la Seguridad Social es muy similar a la del Régimen General.

En el Régimen de autónomos no se distingue entre contingencias comunes, enfermedad común y accidente no laboral y contingencias profesionales, enfermedad profesional y accidente de trabajo.

Trabajadores autónomos o independientes son aquellos que de forma personal y directa realizan una actividad lucrativa sin sujeción a contrato de trabajo.

La prestación sanitaria es la misma que otorga el Régimen General por contingencias comunes. Hay que estar al corriente en el pago de las cuotas; si no, hay 30 días para abonarlas.

En el Régimen agrario el derecho a la prestación sanitaria por maternidad, enfermedad común o accidente no laboral se mantiene durante tres meses aunque no se hayan pagado las cuotas.

En el Régimen de empleados del hogar no se distingue entre accidente de trabajo y accidente no laboral, ni cabe hablar de enfermedades profesionales.

La prestación de asistencia sanitaria en caso de accidente es la misma que otorga el Régimen General por accidente no laboral. Hay que estar al corriente en el pago de las cuotas; si no, hay 30 días para abonarlas.

En el Régimen del mar los trabajadores pierden el derecho a la asistencia sanitaria si no pagan las cuotas. Sin embargo, si la suspensión de la cotización se produce cuando ya están percibiendo dicha asistencia, esta se prorrogará por 30 días, si es ambulatoria o domiciliaria, o hasta el alta médica, si es hospitalaria. La asistencia sanitaria del personal embarcado corre a cargo de la empresa por cuya cuenta trabaja, y del Instituto Social de la Marina (INSMAR) cuando la embarcación se encuentre fondeada en puerto español. El INSMAR reintegra parte de los gastos ocasionados por la asistencia sanitaria en puerto extranjero cuando la misma sea prestada por facultativo ajeno a la empresa y aquel no tenga servicios propios o concertados, dado que, en este último caso, la prestación correría a cargo del instituto, o mutua, que cubra la contingencia.

Finalmente, en el Régimen de minería del carbón, la prestación sanitaria es la misma que la del Régimen General.

Lesiones permanentes no invalidantes

No se establece la indemnización por lesiones permanentes no invalidantes en los Regímenes de autónomos y empleados del hogar.

Invalidez permanente. Régimen de trabajadores autónomos

En el Régimen de autónomos, la protección se dispensa en caso de accidente como si este fuera no laboral, y, en caso de enfermedad, como si fuera común.

A los efectos del periodo mínimo de cotización cabe señalar las siguientes particularidades:

— tan sólo se computan las cotizaciones realizadas antes del día primero del mes en que se cause la prestación, por mensualidades transcurridas hasta el mismo y las correspondientes a dicho mes que se integren dentro del plazo;
— no se computarán las cotizaciones efectuadas por periodos anteriores al alta e ingresadas simultánea o posteriormente a esta;
— los trabajadores de sectores profesionales incorporados a este régimen entre el 1 de octubre de 1960 y el 1 de agosto de 1985 pueden acogerse al beneficio de carencias reducidas: el periodo mínimo de cotización exigible es la mitad del tiempo transcurrido entre la fecha de incorporación del sector y la fecha en que se entienda causada la prestación, con un mínimo de 30 meses;

— si el trabajador es mayor de 40 años y la invalidez deriva de enfermedad, el periodo mínimo se incrementará con la cuarta parte del tiempo que exceda de dicha edad.

La incapacidad permanente parcial no es objeto de protección. En cuanto a la prestación por incapacidad permanente total:

— no cabe el incremento (el 20 % de la base reguladora) por la incapacidad permanente total calificada cuando el trabajador sea mayor de 55 años;
— la indemnización a tanto alzado, sustitutoria de la pensión vitalicia, es de 40 mensualidades.

En cuanto a la incapacidad permanente absoluta y la gran invalidez, no hay otras peculiaridades que las señaladas en cuanto al periodo mínimo de cotización de la base reguladora.

Régimen Especial agrario

El trabajador beneficiario de la prestación debe estar al corriente en el pago de las cuotas y reunir las condiciones exigidas para su inclusión en el censo. A tal efecto, se distinguen:

a) Los trabajadores por cuenta ajena: a quienes la protección, en el supuesto de accidente de trabajo o enfermedad profesional, se extiende si se encuentran prestando servicios como trabajadores por cuenta ajena en labores agropecuarias. El desplazamiento al extranjero por tiempo inferior a un año, a causa de trabajo, es un supuesto de asimilación al alta si se comunica a la Seguridad Social. Para ello, además, el trabajador no debe quedar sometido a la legislación sobre Seguridad Social del país al que se desplaza y tiene que seguir abonando las cuotas individuales correspondientes.
b) Los trabajadores por cuenta propia: deben tener formalizada la cobertura por accidente de trabajo o enfermedad profesional y pagar las primas correspondientes. Por accidente de trabajo se entiende tan sólo el

ocurrido como consecuencia directa e inmediata del trabajo por el que están censados. A los efectos del periodo mínimo de cotización no se computan las cotizaciones de los periodos anteriores al alta e ingresadas simultánea o posteriormente a esta, ni el periodo de incapacidad laboral transitoria si el trabajador no se hubiera acogido a ella como mejora voluntaria. No cabe el incremento (del 20% de la base reguladora) de la prestación económica por incapacidad permanente total si el trabajador es mayor de 55 años.

Régimen de empleados de hogar

Al igual que en el Régimen de autónomos, no existe en este Régimen Especial la clasificación de riesgos profesionales, accidente de trabajo y enfermedad profesional.

A efectos del periodo mínimo de cotización, cabe señalar que en los supuestos de incapacidad permanente parcial, sea cual sea la causa, y en los demás derivados de accidente, el periodo mínimo exigible es de 60 mensualidades en los diez años anteriores a la fecha en que se inició el proceso de enfermedad o en que se produjo el accidente. De los ingresos realizados fuera de plazo, correspondientes a periodos de alta por los propios empleados de hogar, cuando ellos fueran los directamente obligados por prestar servicios con carácter parcial o discontinuo a uno o más cabezas de familia, tan sólo se computan, a efectos de cubrir la cara escasez, las cuotas correspondientes al periodo inmediatamente anterior a la fecha de pago y hasta un máximo de seis mensualidades.

Para el cálculo de las prestaciones económicas, se entenderá que la base de cotización ha sido la base mínima que para los trabajadores mayores de 18 años haya estado vigente en cada momento en el Régimen General. No se procede a la integración que haya de tomarse para el cálculo de la base reguladora.

Por otra parte, la base reguladora en caso de accidente será el cociente de dividir entre 24 la suma de las cotizadas durante un periodo ininterrumpido de 24 mensualidades, elegido por el beneficiario dentro de los siete años inmediatamente anteriores a la fecha en que se cause el derecho a la pensión.

Régimen de trabajadores del mar

Además de las ya establecidas en el Régimen General, en este régimen se considera situación asimilada al alta la asistencia a cursos de formación profesional náutica o náutico-pesquera si al tiempo de iniciar los mismos el trabajador ya acredita 180 días de cotización al mismo.

Las especialidades de la invalidez permanente se refieren a los trabajadores por cuenta propia, que deben tener formalizada la adecuada y suficiente cobertura por accidente de trabajo y enfermedad profesional y no hallarse al descubierto, por tiempo superior a tres meses, en el pago de las primas correspondientes. A los efectos del periodo mínimo de cotización, no se computarán las cuotas ingresadas fuera de plazo que correspondan a los periodos en los que figuraron de alta, en lo que excedan de seis mensualidades a la fecha de ingreso, ni el periodo de incapacidad laboral transitoria si el trabajador no se acogiese a dicha prestación como mejora voluntaria. La base reguladora se calcula sobre la totalidad de las bases de cotización sin aplicar los coeficientes correctores. Tampoco cabe el incremento de la prestación económica por incapacidad permanente total calificada cuando el trabajador sea mayor de 55 años.

Régimen de la minería del carbón

Para la declaración de la existencia de la situación de invalidez y para la calificación del grado de incapacidad, en este Régimen Especial se toma en consideración el estado resultante del conjunto de las reducciones anatómicas o funcionales determinadas por diversas contingencias, y se considerará como determinante la que lo haya sido de la última reducción anatómica o funcional; si no pudiera precisarse, la que se estime como de mayor importancia.

No se exige periodo previo de cotización alguno cuando alguna de las reducciones sea debida a enfermedad profesional o accidente, ya sea este laboral o no.

En lo que se refiere a la incapacidad permanente total, tanto a los efectos de la sustitución excepcional de la pensión vitalicia por una indemnización a tanto alzado (menores de 60 años) como para el incremento de la pensión por presumirse dificultades para obtener empleo en otra actividad (mayores de 45 años), la edad se rebajará en un periodo equivalente al que resulte de aplicar al periodo de tiempo efectivamente trabajado en cada una de las categorías y especialidades profesionales de la minería del carbón el coeficiente que corresponda conforme a la escala establecida al efecto.

En cuanto a la incapacidad permanente absoluta, cuando el pensionista alcance la edad de jubilación, 65 años o la que corresponda por aplicación de bonificaciones, tiene derecho a que su pensión de invalidez pase a tener la cuantía de la que le hubiera correspondido como si el tiempo de invalidez hubiera sido de actividad y hubiera estado cotizando por las bases que correspondían. Para tener este derecho, el pensionista no debe ser el titular de ninguna otra pensión de la Seguridad Social, o renunciar a ella, y la pensión de invalidez de que disfruta no debe sustituir la de jubilación que pudiera haber estado percibiendo. La gran invalidez se aplicará en lo señalado para la incapacidad permanente absoluta cuando el pensionista alcanza la edad de jubilación

Jubilación

En el caso de los autónomos, no es posible la jubilación con anterioridad a los 65 años.

El Régimen de trabajadores autónomos presenta las siguientes particularidades con respecto al Régimen General:

— no es posible la jubilación con anterioridad a los 65 años de edad;
— para determinar los años de cotización, tan sólo se computan las cotizaciones efectivamente realizadas;
— no hay abono de periodo de cotización alguno por la edad en el día 1 de enero de 1967.

En cuanto a los empleados de hogar, la cuantía de la pensión se determina aplicando a la base reguladora el porcentaje según los años de cotización efectiva del beneficiario.

Por lo que respecta a los trabajadores del mar, la edad mínima de 65 años para tener derecho a la pensión de jubilación se reducirá en un periodo equivalente al que resulte de aplicar al tiempo efectivamente trabajado, en cada uno de los grupos y actividades, el coeficiente que corresponda, pero sin que dicha reducción pueda exceder de diez años. Los coeficientes reductores aplicables por trabajos a bordo de embarcaciones oscilan entre el 0,10 y el 0,40. Por otra parte, se aplica un coeficiente de 0,30 a los cargadores portuarios por trabajos correspondientes a determinadas categorías.

Conservan su derecho a anticipar la edad de jubilación quienes ya lo tuvieren en 30 de diciembre de 1969. La reducción de la pensión será del 7 % por cada año de anticipación.

Finalmente, el régimen aplicable a los trabajadores de la minería del carbón conlleva que la edad mínima de 65 años exigida para tener derecho a la pensión de jubilación, o la de 64 años, si el trabajador anticipó su jubilación para ser sustituido por otro, se rebaje en un periodo equivalente al que resulte de aplicar al periodo de tiempo trabajado el coeficiente que corresponda (entre el 0,05 y el 0,50).

Prestaciones de muerte y supervivencia

RÉGIMEN AGRARIO

Para tener derecho a las prestaciones de muerte y supervivencia, el trabajador debe estar al corriente en el pago de las cuotas.

En caso de muerte por enfermedad común o accidente no laboral, se considerará al corriente en el pago de sus cuotas al trabajador que al fallecer tuviera cotizaciones pendientes, cuando sus derechohabientes satisfagan su importe, y siempre que el periodo de descubierto no fuera superior a 12 meses.

En caso de accidente de trabajo o enfermedad, las prestaciones de muerte y supervivencia alcanzan a los beneficiarios de quienes presten servicios como trabajadores por cuenta ajena en labores agropecuarias al producirse tales contingencias, aun cuando no reuniesen las condiciones necesarias para este Régimen Especial.

Los trabajadores por cuenta propia no causan derecho a prestaciones de muerte y supervivencia por accidente de trabajo o enfermedad profesional si no formalizan la cobertura para tales contingencias o no pagan las primas.

Régimen de empleados del hogar

El periodo de cotización exigido para tener derecho a las prestaciones es de 60 mensualidades computables dentro de los diez años anteriores a la fecha del fallecimiento. Por otra parte, la base reguladora será el cociente de dividir por 24 la suma de las bases de cotización durante un periodo ininterrumpido de 24 meses, a elección del beneficiario dentro de los siete años anteriores al fallecimiento.

Reformas legales posteriores a la publicación de la Ley General de la Seguridad Social de 1994

La década de los noventa supuso una serie de cambios sociales que han afectado a cuestiones muy variadas y que han tenido su influencia dentro del Sistema de Seguridad Social: cambios en el mercado de trabajo, mayor movilidad en el mismo, incorporación de la mujer al mundo laboral etc., que han hecho necesario adaptar la protección a las nuevas necesidades surgidas.

En 1995 se firmó el Pacto de Toledo, con el apoyo de todas las fuerzas políticas y sociales, que tuvo como consecuencia importantes cambios y el establecimiento de una hoja de ruta para asegurar la estabilidad financiera y las prestaciones futuras de la Seguridad Social.

La implantación de las prestaciones no contributivas, la racionalización de la legislación de la Seguridad Social (llevada a cabo a través del nuevo Texto Refundido de 1994: Real Decreto Legislativo 1/1994, de 20 de junio, publicado en el BOE de 29 de junio), la mayor adecuación entre las prestaciones recibidas y la exención de cotización previamente realizada, la creación del Fondo de Reserva de la Seguridad Social, la introducción de los mecanismos de jubilación flexible y de incentivación de la prolongación de la vida laboral, o las medidas de mejora de la protección, en los supuestos de menor cuantía de pensiones, son manifestaciones de los cambios introducidos desde 1990 hasta la fecha, en el ámbito de la Seguridad Social.

De este modo, con posterioridad a la promulgación del Texto Refundido de la LGSS, se han llevado a cabo importantes reformas legales que han modificado su contenido.

Entre ellas, deben destacarse las siguientes:

1. La Ley 42/1994, de 30 de diciembre, de Medidas Fiscales, Administrativas y de Orden Social ha incorporado distintas modificaciones en el ámbito de la actuación de la Seguridad Social:

— se han introducido modificaciones en la acción protectora de la Seguridad Social para reunir las prestaciones por incapacidad laboral transitoria e invalidez provisional en la prestación debida a incapacidad temporal;
— se ha configurado como contingencia específica, desligada de la incapacidad laboral transitoria, la de maternidad;
— se han unificado los procedimientos de declaración y reconocimiento de la incapacidad permanente a efecto de las prestaciones económicas contributivas, y se han atribuido las competencias para tramitar y resolver aquellos a los órganos del Instituto Nacional de la Seguridad Social.

2. La Ley 13/1996, de 30 de diciembre, de Medidas Fiscales, Administrativas y de Orden Social ha incluido normas de naturaleza organizativa junto a otras referidas a la acción protectora del Sistema de Seguridad Social.

Las disposiciones incluidas en esta ley persiguen la introducción de criterios de eficiencia y economía con el objetivo de asegurar la prestación a aquellas personas que realmente la necesitan. Entre las normas de protección social se incluyen:

— medidas de protección a la familia: se equiparan los efectos de la filiación adoptiva a la natural en cuanto a la suspensión del contrato de trabajo por maternidad;
— se modifica el régimen aplicable a los trabajadores que prestan servicios en la Administración de la Unión Europea;
— se adoptan una serie de medidas destinadas a incrementar el control y realizar una gestión más rápida y eficaz de las prestaciones por desempleo;
— se modifica el concepto de pensión pública, de modo que incluya a cuantas prestaciones de este carácter estén financiadas, en todo o en parte, con fondos públicos.

3. La Ley 24/1997, de 15 de julio, de Consolidación y Racionalización del Sistema de Seguridad Social introduce la separación financiera de la Seguridad Social. Todas las prestaciones de naturaleza no contributiva pasan a ser financiadas a través de las aportaciones del Estado, mientras que las prestaciones netamente contributivas se financian por cotizaciones de empresas y trabajadores. Además, se establece un límite único de cotización para todas las categorías profesionales y se prevén mayores elementos de proporcionalidad en la determinación de la cuantía de las pensiones de jubilación, que posibiliten una mayor equidad en las pensiones, en el sentido de que quienes hayan realizado unas cotizaciones semejantes obtengan también un nivel de prestaciones similar. Con este fin se introducen las siguientes reformas:

— se amplía el periodo de determinación de la base reguladora de la pensión de jubilación, situando ese periodo en los últimos 15 años de cotización, en lugar de en los ocho años previstos anteriormente;
— se exige únicamente dos años de cotización dentro de los últimos 15 años, impidiendo que afiliados con largas carreras de cotización puedan ser excluidos del sistema por carecer de cotizaciones en los últimos años de su vida laboral;
— se establece una mayor seguridad jurídica en la determinación de las pensiones de invalidez;
— se prevé la elaboración de una lista de enfermedades, y de su valoración a los efectos de reducción de la capacidad de trabajo;
— se mejora sustancialmente el tiempo de duración de las pensiones de orfandad, ampliando los límites de edad para poder ser beneficiario de las mismas;
— se mejoran las cuantías de las pensiones mínimas en su cuantía inferior de viudedad, cuando los beneficiarios de las mismas tengan una edad inferior a los 60 años;
— se establece la revalorización automática de las pensiones en función de la variación de los precios.

4. La Ley 66/1997, de 30 de diciembre, de Medidas Fiscales, Administrativas y del Orden Social ha adoptado medidas relativas al procedimiento de la Seguridad Social y a la acción protectora de la misma:

— en materia de acción protectora del sistema, se persigue un mejor control del cumplimiento de los requisitos necesarios para generar el derecho a la prestación; de este modo, respecto a la protección por desempleo, se establece para la reanudación del derecho a la prestación los mismos plazos y efectos que están fijados para el inicio del mismo derecho;
— la nueva regulación de la extinción del subsidio por incapacidad temporal busca evitar que los efectos de la declaración de incapacidad permanente se retrotraigan a una fecha en la que no conste la existencia de lesiones definitivas;
— en materia de pensión de orfandad, se amplían los supuestos para devengar el derecho a su percepción, y se reconoce dicha pensión cuando el hijo del causante realice un trabajo lucrativo siempre que los ingresos que obtenga en cómputo anual resulten inferiores al 75 % del salario mínimo interprofesional.

5. La Ley 49/1998, de 30 de diciembre, de Presupuestos Generales del Estado para 1999, introduce una novedad importante, al preverse la asunción por el Estado de la totalidad de la financiación de la asistencia sanitaria, a través del Presupuesto del Instituto Nacional de la Salud, suprimiéndose la referencia a la aportación procedente de cotizaciones sociales.

6. La Ley 50/1998, de 30 de diciembre, de Medidas Fiscales, Administrativas y del Orden Social ha adoptado también algunas medidas relativas a la acción protectora del sistema:

— se adoptan medidas de fomento del autoempleo de los trabajadores minusválidos;
— se amplían los supuestos en los que se puede causar derecho a las pensiones de viudedad y de orfandad a las prestaciones a favor de los familiares.

7. La ley 54/1999, de 29 de diciembre, de Presupuestos Generales del Estado para el año 2000, en la línea de mantener el poder adquisitivo de las pensiones públicas, establece el abono a los pensionistas (perjudicados por la previsión de inflación de noviembre de 1998 a noviembre de 1999)

de una paga única que palie la diferencia de percepciones, compensando la pérdida de poder adquisitivo de los pensionistas afectados.

8. El Real Decreto 1251/2001, de 16 de noviembre, por el que se regulan las prestaciones económicas del Sistema de Seguridad Social por maternidad y riesgo durante el embarazo, efectúa el desarrollo reglamentario de la Ley 39/1999, de 5 de noviembre, para promover la conciliación de la vida familiar y laboral de las personas trabajadoras, incidiendo significativamente en el subsidio por maternidad y ofreciendo la ordenación jurídica detallada de la prestación de riesgo durante el embarazo.

9. La Ley 52/2003, de 10 de diciembre, de Disposiciones Específicas en materia de Seguridad Social, engloba un conjunto de medidas relativas a aspectos sustanciales, como la acción protectora del sistema, y a otros de carácter instrumental pero de no menor trascendencia, como los de gestión y financiación.

Por lo que se refiere a la materia de acción protectora, las modificaciones introducidas abarcan diversas prestaciones.

Con relación a la incapacidad permanente, y en línea con lo operado en la reforma de 1997 en relación con la pensión de jubilación, se determina el cómputo del periodo de cotización exigible y la forma de cálculo de la base reguladora de la pensión en los supuestos en que se accede a esta desde una situación de alta o asimilada a la de alta, sin obligación de cotizar.

Asimismo, se precisan los plazos que han de discurrir a efectos de instar la revisión de la incapacidad.

Por último, se establece la presunción de que el interesado ha otorgado su consentimiento, salvo que acontezca oposición expresa por escrito, en relación con la remisión por las instituciones sanitarias de los datos y los informes médicos del interesado, a efectos tanto de la declaración de incapacidad permanente como del reconocimiento o mantenimiento del percibo de las prestaciones de incapacidad temporal, orfandad o asignaciones familiares por hijo a cargo, con el fin de agilizar la tramitación de los correspondientes expedientes y evitar la innecesaria repetición de pruebas médicas.

En lo referente a la pensión de invalidez en su modalidad no contributiva, se posibilita su concurrencia con las percepciones derivadas de los programas de Renta Activa de Inserción.

En lo relativo a las prestaciones por muerte y supervivencia, se explicitan los términos en que ha de acreditarse el periodo de carencia exigido para acceder a la pensión de viudedad desde situación de no alta y se dan reglas sobre el régimen de compatibilidad en el supuesto de concurrencia de pensiones por supervivencia causadas en diferentes regímenes.

Por otra parte, se procede a la reordenación de la regulación de las prestaciones familiares de la Seguridad Social, con los siguientes objetivos básicos: clarificar la naturaleza de esta clase de prestaciones y, a su vez, sistematizar las normas legales aplicables incluyendo en un único cuerpo legal la regulación de todas las prestaciones familiares, evitando la actual dispersión.

En la nueva ordenación se configuran como prestaciones de naturaleza no contributiva la totalidad de las prestaciones familiares de la Seguridad Social, excepto la consideración como periodo de cotización efectiva del primer año de excedencia con reserva de puesto de trabajo que los trabajadores disfruten por razón del cuidado de cada hijo nacido o adoptado, o de acogimiento permanente o preadoptivo de menores acogidos.

Además, siguiendo las previsiones contenidas en el Plan Integral de Apoyo a la Familia (2001-2004), aprobado por el Gobierno el 8 de noviembre de 2001, se prevé la extensión de las prestaciones familiares a tanto alzado a los supuestos de adopción o por el cuidado de otros familiares. Igualmente, y en adecuación a la Ley sobre Protección a las Familias Numerosas, se procede a introducir las modificaciones correspondientes para tales supuestos.

En último término, en conexión con el derecho a protección, se regula, de manera uniforme y superando las diferencias entre regímenes existentes, la exigencia del requisito de hallarse al corriente en el pago de cotizaciones para el acceso a las prestaciones, cuando los trabajadores sean responsables del ingreso por tal concepto.

10. La Ley Orgánica 1/2004, de 28 de diciembre, de medidas de protección integral contra la violencia de género, regula medidas de apoyo económico, modificando el Real Decreto Legislativo 1/1994, de 20 de junio, por el que se aprueba el texto refundido de la Ley General de la Seguridad Social, para que las víctimas de violencia de género generen derecho a la situación legal de desempleo cuando resuelvan o suspendan voluntariamente su contrato de trabajo.

11. La Ley 30/2005, de 29 de diciembre, de Presupuestos Generales del Estado para el año 2006, y el Real Decreto 1611/2005, de 30 de diciembre, regulan la revalorización de las pensiones del Sistema de Seguridad Social y de otras prestaciones sociales públicas para el ejercicio 2006.

12. La Orden TAS/29/2006, de 18 de enero, desarrolla las normas de cotización a la Seguridad Social, Desempleo, FOGASA y Formación Profesional, contenidas en la Ley 30/2005, de 29 de diciembre, de Presupuestos Generales del Estado para el año 2006, mediante la cual se desarrollan las previsiones legales en materia de cotizaciones sociales para el ejercicio 2006.

En cuanto a la normativa internacional, cabe indicar que los Reglamentos Comunitarios (CEE) 1408/71 y 574/72 en materia de Seguridad Social son aplicables y entraron en vigor en España el día 1 de enero de 1986.

Los Reglamentos Comunitarios se aplican para la coordinación de los sistemas de Seguridad Social de España con los Estados miembros de la Unión Europea y con los Estados Parte del Espacio Económico Europeo y Suiza.

En virtud del acuerdo sobre la libre circulación de trabajadores entre la Confederación Suiza y la Unión Europea, los Reglamentos Comunitarios se aplican para coordinar los sistemas de Seguridad Social de Suiza y de los Estados miembros de la Unión Europea (15 países) desde el día 1 de junio de 2002 y de la Unión Europea (15 + 10 nuevos paises) desde el 1 de abril de 2006.

Glosario

Accidente laboral. Lesión corporal que el trabajador sufre con ocasión o por consecuencia del trabajo que realiza por cuenta ajena.

Accidente no laboral. Accidente sufrido con ocasión o por consecuencia de causa distinta al trabajo realizado por cuenta ajena.
En el Régimen Especial de empleados todos los accidentes se consideran laborales.

Acción protectora de la Seguridad Social. Conjunto de prestaciones y medidas con las que prevenir, ayudar y remediar determinadas contingencias en función de la razón que las motiva:

— relativas a la salud: el riesgo de la pérdida de la salud da lugar a medidas de medicina preventiva y de seguridad e higiene en el trabajo; su pérdida dará lugar a prestaciones de asistencia sanitaria y recuperación, así como a prestaciones económicas por incapacidad temporal, invalidez, muerte y supervivencia;
— relativas a la edad: a partir de determinada edad, en la vejez, se puede acceder a prestaciones económicas de jubilación y ser beneficiario de medidas de asistencia social;
— relativas a la situación laboral: la pérdida total o parcial del trabajo puede ser paliada por prestaciones y subsidios de desempleo;
— relativas a la situación familiar: la situación de maternidad, la adopción y el acogimiento previo dan lugar al disfrute de periodos de descanso y de prestaciones diversas;

— relativas a la penuria económica: la carencia de recursos indispensables puede dar lugar tanto a la asistencia sanitaria como a la concesión de auxilios económicos.

Acto de conciliación. Requisito previo al procedimiento por despido ante el Juzgado de lo Social que podrá realizar el trabajador que haya sido despedido, bien mediante carta de despido, bien verbalmente, impidiéndole el acceso al puesto de trabajo.

Auxilio por defunción. Prestación que consiste en la entrega por el INSS de una cantidad a tanto alzado a quien, con motivo del fallecimiento del causante, ha soportado los gastos del sepelio.

Base de cotización. Cantidad determinada en función de las retribuciones que percibe el trabajador por cuenta ajena con independencia de su forma de percepción y denominación. A esta base se aplican los tipos de cotización.

Beneficiarios de la pensión de orfandad. Tendrán derecho a la pensión de orfandad cada uno de los hijos del causante fallecido sea cual sea la naturaleza legal de su filiación.

Despido improcedente. Cuando no quedan acreditadas las causas o motivos que se alegan o por no cumplirse las exigencias formales establecidas para el despido disciplinario.

Despido nulo. Se considerará nulo aquel despido que tenga por móvil alguna de las causas de discriminación que están prohibidas en la Constitución o en la ley o violación de derechos fundamentales y libertades del trabajador.

Despido procedente. Cuando quedan acreditadas las causas alegadas por el empresario o la certeza de las causas objetivas.

Enfermedad común. Alteraciones de la salud que no tengan la condición de accidente de trabajo ni de enfermedad profesional.

Enfermedad profesional. La contraída a consecuencia del trabajo ejecutado por cuenta ajena en determinadas actividades y provocada por la acción de determinados elementos o sustancias que, como aquellas, están fijados legalmente.

Extinción del contrato por despido disciplinario. El contrato de trabajo podrá extinguirse mediante despido basado en incumplimiento grave y culpable de las obligaciones del trabajador.

Gran invalidez. Situación del trabajador que, como consecuencia de pérdidas anatómicas o funcionales, necesita la asistencia de otra persona para vivir.

Hijo a cargo. Es aquel que vive con el beneficiario y a sus expensas. No obstante, aunque haya convivencia, no se considerará a cargo el hijo que trabaje por cuenta propia o ajena o sea perceptor de una pensión contributiva procedente de un régimen público de protección social distinta de la pensión de orfandad.

Incapacidad permanente. Situación del trabajador en la cual, después de haber estado sometido al tratamiento prescrito, presenta reducciones anatómicas o funcionales graves, que son susceptibles de determinación objetiva y previsiblemente definitivas que disminuyan o anulen su capacidad laboral.

Incapacidad permanente absoluta para todo trabajo. Situación de incapacidad que inhabilita por completo al trabajador para toda profesión u oficio.

Incapacidad permanente parcial para la profesión habitual. Situación de incapacidad que, sin alcanzar el grado de total, ocasiona al trabajador una disminución no inferior al 33 % en su rendimiento normal para su profesión, sin impedirle la realización de las tareas fundamentales de la misma.

Incapacidad permanente total para la profesión habitual. Incapacidad que inhabilita al trabajador para la realización de todas o de las fundamentales tareas propias de su profesión, siempre y cuando pueda dedicarse a otra distinta.

Incapacidad temporal. Situación en la que se encuentran los trabajadores incapacitados de forma temporal para trabajar debido a alguna enfermedad común, profesional, accidente, ya sea o no laboral, mientras reciban asistencia sanitaria por parte de la Seguridad Social y estén impedidos para el trabajo.

Jubilación anticipada a los 64 años. La edad mínima de 65 años que con carácter general se exige en el Sistema de Seguridad Social para causar derecho a la pensión de jubilación se rebaja a los 64 años para los trabajadores por cuenta ajena cuyas empresas los sustituyan, simultáneamente a su cese por jubilación, por otros trabajadores.

Jubilación parcial. Podrá acceder a la jubilación parcial el trabajador por cuenta ajena que reúna las condiciones necesarias. La edad no habrá de ser inferior en más de tres años a la exigida, deberá concertar con su empresa una reducción de su jornada y salario del 50 %, mediante un contrato a tiempo parcial, para que se cubra la jornada vacante con un trabajador desempleado, con un contrato de relevo.

Lesiones permanentes no invalidantes. Aquellas mutilaciones, deformaciones o lesiones orgánicas definitivas e irreversibles causadas por accidentes de trabajo o enfermedades profesionales que, sin constituir una incapacidad permanente, suponen una merma o limitación en la integridad física de la persona.

Pensión de jubilación. Pensión vitalicia que se reconoce al trabajador cuando, en el caso de que cumpla determinados requisitos al llegar a cierta edad, cesa en el trabajo o no se va a reincorporar al mismo.

Pensión de vejez (SOVI). Era el principal mecanismo de previsión existente, en cuanto a las pensiones, con anterioridad a la configuración del actual Sistema de Seguridad Social. Se trata de un régimen extinguido desde el 1 de enero de 1967, ya que no se pueden realizar cotizaciones, si bien existen muchos pensionistas SOVI que acceden a estas prestaciones en virtud del derecho transitorio.

Pensión de viudedad. Prestación económica a que tiene derecho el cónyuge supérstite por el fallecimiento de su consorte.

Prestaciones no contributivas. Las prestaciones no contributivas amplían el derecho a las pensiones de jubilación, incapacidad y prestaciones familiares por tener hijos a cargo del Sistema de Seguridad Social a aquellas personas que no han cotizado nunca a la Seguridad Social o que han cotizado un tiempo insuficiente para tener derecho a una prestación contributiva.

Regímenes Especiales de la Seguridad Social. Se establecen en aquellas actividades en las que, por su naturaleza, sus condiciones de tiempo y lugar o sus procesos productivos, fueran precisos para la aplicación de los beneficios de la Seguridad Social.

Rentas o ingresos computables a efectos de las prestaciones no contributivas. Se computarán como rentas e ingresos todo tipo de bienes y derechos derivados del trabajo y del capital, así como las prestaciones. No se computarán como tales las asignaciones periódicas por tener hijos a cargo.

Salario base. Es aquella parte de la retribución del trabajador fijada por unidad de tiempo sin atender a ninguna otra circunstancia. Su cuantía viene establecida para todas y cada una de las categorías profesionales en los convenios colectivos.

Salario mínimo interprofesional. Retribución mínima que deben percibir los trabajadores por cada día de trabajo según lo dispuesto por el Gobierno.

Trabajador por cuenta ajena. Quien voluntariamente presta sus servicios por cuenta de otra persona, denominada esta última empleador o empresario.

Trabajadores autónomos o independientes. Trabajadores que de forma personal y directa realizan una actividad lucrativa sin sujeción a contrato de trabajo.

Unidad económica de convivencia. Existirá en todos los casos de convivencia de un beneficiario con otras personas, sean o no beneficiarias, unidas con aquel por matrimonio, parentesco, consanguinidad o adopción hasta segundo grado.

Índice analítico

accidente de trabajo, 47, 53-55, 57-59, 61, 62, 65, 73, 75, 76, 96, 98, 102, 103, 105, 109, 142, 146, 149, 152-155, 159, 194, 196-198, 200, 212
adopción, 11, 12, 79-81, 83-86, 88, 112, 153, 156, 168, 208, 211, 216
afiliación al sistema, 31, 33, 35-37, 39, 41
agotamiento de la prestación, 186, 187, 190
alta médica, 21, 76, 77, 98, 194
ascendientes, 88, 112, 153, 158-160
asistencia farmacéutica, 87, 90, 93
— sanitaria, 9, 13, 20-22, 41, 60, 63, 64, 71, 72, 87-91, 93, 94, 96, 114, 130, 137, 169, 194, 195, 206, 211, 212, 214
auxilio por defunción, 64, 70, 144, 146, 212
baja médica, 57-59, 73
base de cotización, 43, 45-47, 49-51, 74, 121, 197, 212

— reguladora, 59, 60, 73-75, 84, 85, 96, 99, 100, 102, 105-109, 118, 120-124, 127, 130, 142, 147-149, 153-155, 158, 159, 161, 175, 196-199, 201, 205, 207
campo de aplicación, 11, 15, 19-21, 23, 26, 27, 32, 168
capacidad laboral, 60, 95, 104, 107, 108, 213
categoría profesional, 20, 49, 54, 55, 100, 120
coeficientes reductores, 119, 124, 125, 127, 200
compensación, 12
convivencia, 112-114, 134, 136, 138, 139, 164-166, 176, 186, 213, 216
cónyuge, 67, 88, 131, 134, 141, 144, 146, 150-155, 158, 159, 185, 215
cotización a la Seguridad Social, 46, 51, 127, 169, 171, 189, 209
cuantía de la pensión de invalidez, 115, 135

— — de jubilación, 126, 127, 135
declaración de fallecimiento, 151
— de incapacidad permanente, 101, 206
demanda de empleo, 177
demandantes de empleo, 124, 125, 183
descendientes, 88, 112, 158
desempleo, 12, 14-16, 40, 41, 44, 46, 52, 64, 65, 67, 73, 77, 88, 118, 124, 126, 128, 131, 143, 169-181, 183-192, 204, 206, 208, 209, 211
despido, 41, 88, 172, 173, 212, 213
divorcio, 88, 144, 146, 148, 165, 166
documentos de cotización, 32, 51
enfermedad común, 55, 59, 60, 63, 71, 72, 74-76, 88, 90, 93, 97, 102, 103, 105-107, 143, 145, 161, 194, 200, 212, 214
— profesional, 41, 44, 53, 55-59, 61, 62, 65, 71-76, 78, 96, 98, 102-105, 107, 109, 142, 144-146, 149, 152-155, 159, 194, 196-198, 200, 212, 213
excedencia, 40, 41, 44, 80, 118, 128, 143, 163, 168, 171, 208
extranjeros, 19-23, 26, 88, 89, 137
fallecimiento, 47, 67, 78, 82, 84, 85, 104, 110, 141, 144-146, 148-161, 201, 212, 215
filiación, 35, 86, 141, 152, 163, 164, 168, 204, 212
financiación del sistema, 43

Fondo de Garantía Salarial, 46, 126
gastos de locomoción, 47
— de sepelio, 144
grados de incapacidad, 95, 96, 184
gran invalidez, 67, 95, 97, 107-109, 142, 151, 152, 156, 157, 184, 196, 199, 213
grupo de cotización, 50
incapacidad permanente absoluta, 67, 95, 97, 104-109, 112, 146, 151, 152, 156, 157, 184, 196, 199, 213
— — parcial, 65, 67, 95, 97-99, 104, 108, 109, 184, 196, 197, 213
— — total, 65, 67, 95, 97, 100, 101, 103, 104, 109, 146, 184, 196-198, 213
— temporal, 13, 15, 32, 34, 44, 46, 59, 63, 64, 71-78, 84, 96, 98, 99, 109, 118, 126, 169, 180, 181, 204, 206, 207, 211, 214
incompatibilidades, 65, 66, 129, 167, 179, 192
incrementos de las bases de cotización, 120
indemnización a tanto alzado, 61, 99-101, 109, 142, 154, 196, 198
Inspección de Trabajo, 14, 36, 38, 58
Instituto Nacional de Empleo (INEM), 44
— — de la Seguridad Social (INSS), 77

— — de la Salud (INSALUD), 16
invalidez, 13, 15, 22, 41, 46, 62, 63, 65, 67, 68, 72, 93, 95-98, 107-112, 114, 115, 118, 122, 135, 137, 138, 142, 143, 151, 152, 156, 157, 167, 169, 171, 172, 184, 195, 196, 198, 199, 204, 205, 207, 211, 213
— provisional, 72, 93, 110, 118, 171, 204
jubilación, 13-15, 22, 64, 66-68, 70, 77, 98, 104-106, 108-110, 114, 117-131, 133, 135-137, 139, 143, 146, 148, 150, 154, 157-159, 167, 169, 172, 177, 180, 185, 187, 189, 199, 200, 203, 205, 207, 211, 214, 215
laicos, 26, 28
lesiones permanentes no invalidantes, 60, 62, 64, 65, 195, 214
limitación de la cuantía inicial, 68
maternidad, 13-15, 44, 46, 63, 64, 73, 79-86, 90, 180, 181, 194, 204, 207, 211
matrimonio, 47, 67, 131, 146, 148, 150, 151, 153, 156, 160, 216
mejoras voluntarias, 13
— — de la acción protectora, 13
minusválidos, 80, 88, 113, 135, 165-168, 206
muerte y supervivencia, 15, 46, 64, 70, 101, 141-143, 145, 147, 149, 151, 153, 155, 157-159, 161, 169, 200, 208, 211
obligación de cotizar, 39, 40, 43-46, 120, 121, 127, 145, 171, 174, 175, 177, 207
orfandad, 64, 67, 68, 141, 152, 154-156, 159, 160, 164, 205-207, 212, 213
pagas extraordinarias, 43, 49, 68, 69, 113, 120, 127, 129, 135, 147, 151, 156, 166, 168, 176, 183, 185, 187, 188, 192
parientes, 134, 144
paro, 12, 40, 143
parto, 21, 65, 81-85, 91
pensiones asistenciales, 21, 135
pensionistas, 88, 93, 114, 128-130, 136, 137, 143, 146, 148, 157, 158, 160, 206, 207, 215
periodo de cotización, 50, 80, 81, 103, 106, 125, 126, 144, 161, 163, 168, 177, 199, 201, 207, 208
— de excedencia, 163
prestaciones a favor de familiares, 157
prestaciones familiares por hijo a cargo, 15
— farmacéuticas, 60, 93, 94
— médicas, 87, 90
quebranto de moneda, 47
Régimen Especial agrario, 25, 28, 29, 41, 193, 196
— — de empleados de hogar, 55
— — de la minería del carbón, 193
— — de los trabajadores del mar, 16
— General de la Seguridad Social, 15, 20, 25, 26, 44, 51, 62, 87, 88, 122, 144, 145, 170
Seguro Obligatorio de Vejez e In-

validez (SOVI), 15
separación, 88, 144, 146, 148, 164-166, 205
— judicial, 148, 165, 166
sepelio, 144, 212
subsidio por desempleo, 181, 184-192
— por incapacidad temporal, 72, 77, 206
— por maternidad, 84, 85, 207
— temporal a favor de familiares, 160

supervivencia, 13, 15, 46, 64, 70, 101, 141-143, 145, 147, 149, 151, 153, 155, 157-159, 161, 169, 200, 208, 211
TC-1, 51
TC-2, 51
sipos de cotización, 45, 51, 52, 212
vejez, 15, 65, 122, 123, 211, 214
viudedad, 14, 15, 64-68, 141, 144, 145, 147, 148, 150, 151, 153-155, 159, 160, 205, 206, 208, 215

www.ingramcontent.com/pod-product-compliance
Lightning Source LLC
Chambersburg PA
CBHW050108170426
43198CB00014B/2499